개혁교회,

그 현장을 가다

개혁교회,
그 현장을 가다

박경수

대한기독교서회

개혁교회, 그 현장을 가다

2018년 2월 10일 초판 1쇄

지은이 박경수
펴낸이 서진한
펴낸곳 대한기독교서회
편집책임 편집2팀

등록 1967년 8월 26일 제1967-000002호
주소 06173 서울시 강남구 테헤란로103길 14(삼성동)
전화 편집 (02) 553-0873~4 영업 (02) 553-3343
팩스 편집 (02) 3453-1639 영업 (02) 555-7721
e-mail cls1890@chol.com
http://www.clsk.org
facebook.com/clskbooks

직영서점 기독교서회
종로 5가 기독교회관, 전화 (02) 744-6733 팩스 (02) 745-8064

책번호 2245
ISBN 978-89-511-1915-6 03230

The Christian Literature Society of Korea, Seoul
Printed in Korea

* 책값은 뒤표지에 있습니다.

이 책은 장로회신학대학교 기독교사상문화연구원 교회사연구부 현장답사총서로 기획된 것입니다. 현장답사총서는 앞으로 살아 숨 쉬는 다양한 기독교 역사의 현장으로 독자들을 안내할 예정입니다.

머리말

길을 걷다, 길이 되다

필자는 오랫동안 유럽의 종교개혁 현장을 여러 차례 방문하였습니다. 그 결과 중 일부는 2013년에 『종교개혁, 그 현장을 가다』라는 제목으로 출판하였습니다. 그 책을 펴낼 때에 언젠가는 개혁교회의 현장, 특별히 프랑스의 위그노와 영국의 청교도에 관해 소개해야겠다는 생각을 굳었습니다.

마침내 2015년 봄, 연구학기를 맞아 필자는 위그노와 청교도 관련 지역을 두 달 동안 꼼꼼하게 돌아보며 개혁교회의 종교개혁자들과 그 후예들을 만났습니다. 그리고 2017년 여름에는 학생들과 함께 2주간 개혁교회의 본거지인 스위스의 취리히와 제네바를 시작으로, 프랑스 위그노의 현장인 남부 프랑스 도시들과 파리를 거쳐 잉글랜드의 런던, 옥스퍼드와 케임브리지 그리고 스코틀랜드의 에든버러와 세인트앤드루스를 탐방하였습니다. 그 결과물이 바로 이 책입니다. 이 책은 프랑스의 위그노와 영국의 청교도 역사와 현장을 담고 있습니다. 개혁교회의 근거지가 되는 스위스의 취리히와 제네바는『종교개혁, 그 현장을 가다』에 소개하였기 때문에 제외하였습니다. 이런 점에서 두 책은 자매와 같습니다.

이 책에 수록된 역사 이야기와 그 현장은 개혁교회 지도자들과 성도들의 흔적을 따라 걷는 길입니다. 이 길은 개혁교회의 뿌리를 찾아 떠나는 길,

다시 말해 자신의 정체성을 확인하는 여정입니다. 프랑스에서는 위그노의 역사와 정신을 배웠습니다. 특히 광야박물관과 콩스탕스 탑에서 만난 마리 뒤랑의 '저항하라!' 이 한마디는 나의 마음을 곧장 사로잡았습니다. 프로테스탄트가 바로 거짓과 위선에 저항하며 진리를 지키려고 했던 사람들임을 재확인하였습니다. 메랭돌의 발도파, 뤼베롱 산악의 카미자르, 라로셸과 파리와 프랑스 전역에서 희생당한 위그노의 흔적들을 답사하면서 내내 '나는 누구인가?'를 되물었습니다.

잉글랜드에서는 존 위클리프와 윌리엄 틴들, 런던 스미스필드와 옥스퍼드의 순교자들, 청교도 존 오웬, 리처드 백스터, 존 번연을 만났고, 스코틀랜드에서는 존 녹스, 패트릭 해밀턴, 조지 위샤트를 만나면서 그들의 헌신과 정신을 나의 것으로 만들고 싶다는 열망을 가졌습니다. 그들이 나의 삶을 반추하는 거울이 되어주었습니다. 그들에게 비친 나의 얼굴이 비록 초라하긴 했지만 그래도 내가 어디로 가야 할지, 어떻게 살아야 할지 새롭게 다짐하게 해주었습니다.

종교개혁의 현장을 돌아보면서 왜 '사람이 꽃보다 아름답다.'고 노래하는지, 왜 '사람만이 희망이다.'라고 말하는지 새삼 깨달았습니다. 오래전 교회를 바르게 세우고자 몸부림쳤던 개혁자들, 자신의 생명을 걸고 복음의 진리를 지키고자 했던 순교자들, 믿음과 양심을 지키려고 부당한 억압에 단호하게 저항했던 신앙의 선배들을 만나면서 그들이 참으로 아름답고, 그들 때문에 희망이 이어져왔음을 발견했습니다.

작은 책이 나오는 데에도 많은 도움의 손길이 있었습니다. 이 책의 내용은 2016-17년 열두 번에 걸쳐 「기독교사상」에 실은 글들을 정리하고 보완한 것입니다. 먼저 기상의 편집부에 감사드리고, 책으로 묶어 출판해준 대한기독교서회의 서진한 사장님과 편집부 식구들에게도 진심에서 우러나오는 고마움을 전합니다. 특히 서회의 편집2팀은 저에게는 오랫동안 함께 걷는 길동무와도 같습니다. 또한 취리히한인교회에서 선교사로 섬기고 있는 김명환, 권선종 목사님 부부는 매번 우리 학생들의 답사에 동행해주는 최고의 안내자입니다. 답사팀의 오랜 단짝인 두루여행사 김원길 대표에게도 고마움을 전합니다. 무엇보다 2017년 위그노와 청교도의 현장답사에 함께한 27명의 동지同志들 한 사람, 한 사람에게 고맙습니다. 왜 그들이 다가올 역사와 교회를 위한 희망의 겨자씨인지를 절감하는 동시에 또 그들이 얼마나 아름다운지 깨닫는 시간이었습니다. 여러분과 함께 길을 걷게 된 것이 나에게는 큰 행복입니다. 모쪼록 이 작은 책이 예수께서 걸었던 길, 개혁자들이 걸었던 길, 어쩌면 좁고 협착해서 고단할 수 있는 그 길을 함께 걷고자 하는 모든 사람에게 작은 위로와 용기가 되었으면 하는 바람입니다.

2018년 2월

장로회신학대학교 광나루 연구실에서
박 경 수

차례

제1부
프랑스 종교개혁 현장을 찾아

제2부

영국 종교개혁 현장을 찾아

제1부

프랑스 종교개혁 현장을 찾아

1

위그노,
그들은 누구인가

| 위그노는 누구인가 |

16세기에 중세 로마가톨릭교회의 타락과 부패에 항거하여 일어난 종교개혁은 단선적이고 획일적인 운동이 아니라 매우 복잡하고 다양한 성격을 띤 운동이었다. 종교개혁 진영은 루터와 멜란히톤을 중심으로 하는 독일의 루터파, 츠빙글리와 칼뱅을 중심으로 하는 스위스의 개혁파, 스위스 형제단으로부터 시작하여 남부 독일과 네덜란드로 확산된 아나뱁티스트, 잉글랜드를 중심으로 하는 성공회 등으로 나누어져 있었다. 그중에서 스위스의 개혁파 종교개혁운동은 프랑스, 잉글랜드, 스코틀랜드, 독일, 네덜란드는 물론이고 폴란드, 보헤미아, 헝가리 등 유럽 전역으로 가장 널리 확산되었다. 이를 통해 프랑스에서 등장한 것이 바로 위그노Huguenots이다.

위그노는 스위스 제네바의 개혁자 장 칼뱅Jean Calvin, 1509-64의 개혁운동에 동참한 프랑스의 프로테스탄트 신자들을 일컫는 용어이다. 왜 그들을 위그노라고 불렀는지는 분명하지 않다. 여러 가지 설이 있는데 스위스와의 동맹관계로 인해 독일어로 동맹자들이라는 의미를 지닌 아이트게노센Eidgenossen으로 부르다가 축약하여 아이크노로, 다시 유사한 발음의 위그노로 바꾸어 부르게 되었다는 주장도 있고, 위그노 지도자였던 나바라의 앙리의 조상 위그 카페Hugues Capet의 이름에서 유래했다는 주장도 있다.

| 칼뱅의 제네바가 프랑스 개혁교회의 요람이 되다 |

1509년 프랑스 누아용에서 태어난 칼뱅은 파리, 오를레앙, 부르주에서 공부한 후, 1536년 우연한 계기(신앙의 관점에서 보면 분명 하나님의 섭리)로 운명의 도시 제네바에 정착하면서 종교개혁운동의 전면에 등장하였다. 1538

년 제네바에서 쫓겨나 스트라스부르에 머물기도 했지만, 1541년 다시 제네바로 돌아가 1564년 숨을 거둘 때까지 제네바 교회의 목회자로, 프로테스탄트 종교개혁의 지도자로, 경건과 학문을 가르치는 교육자로, 개혁교회의 신학자로서 자신에게 맡겨진 소명을 다하였다. 칼뱅의 제네바가 프로테스탄트, 특별히 개혁교회의 요람으로 자리를 잡게 되면서 많은 프로테스탄트 신자들이 제네바로 모여들었다. 제네바가 프랑스와 국경을 맞대고 있었고, 언어도 프랑스어를 사용했으며, 칼뱅도 프랑스인이었기 때문에 프랑스에서 온 프로테스탄트 신자가 유난히 많았다.

장 칼뱅 1509년 프랑스 누아용에서 태어났고, 1564년 스위스 제네바에서 죽었다. 16세기 제네바 교회의 목회자, 신학자, 교육자, 개혁자로서 개혁교회 전통을 수립하였고 위그노의 정신적 지도자였다.

1550년대 제네바 교회는 아직은 미조직 상태에 있던 프랑스의 프로테스탄트 교회에 지도력을 공급하였다. 특별히 1559년에 설립된 제네바아카데미가 개혁파 종교개혁을, 프랑스를 비롯한 유럽의 전역으로 확장시키는 데 결정적인 역할을 하였다. 아카데미가 설립된 1559년부터 칼뱅이 죽은 1564년까지 처음 5년 동안 무려 339명의 학생이 등록하였고, 그중에서 프랑스에서 온 학생들이 적게는 60%, 많게는 80% 이상을 차지하였다. 많은 학생이 프랑스에서 제네바로 건너와서 아카데미에서 훈련을 받은 후 다시 고국으로 돌아가 프랑스 개혁교회를 위해서 일하였다. 이렇게 로마가톨릭 국가인 프랑스 안에서 종교개혁을 주장하는 프로테스탄트가 점차 세력을 확장하여 갔다. 역사가들은 1560년대에 귀족의 절반 정도가 위그노였고, 1562년 위그노 전쟁이 발발할 즈음에는 위그노가 200만 명 이상이었고, 위그노 교회도 1,200-1,250개 정도였다고 추정한다. 칼뱅주의는 사회적 계층과 계급과 직업을 막론하고 프랑스 사회에 광범위한 영향을 미쳤다. 특히 귀족들의 프로테스탄트 신앙으로의 회심은 프랑스 왕정에 본질적인 위협으로 작용하였다.

| 평화로운 공존을 위한 모색 |

위그노라 불린 프랑스의 프로테스탄트들은 1559년에 파리에서 전국대회를 개최하고 프랑스 신앙고백을 채택함으로써 자신들의 입지를 확고히 하였다. 위그노 중에는 루이 콩데, 가스파르 콜리니, 나바라의 앙리 등 유력한 귀족들도 포함되어 있었다. 그러나 1560년대로 접어들면서 위그노는 프랑스의 발루아 왕조 및 로마가톨릭주의자인 기즈 가문과 심각한 충돌을 빚게 되었다. 종교적인 갈등을 해소하고 평화를 이루기 위한 일련의 회담이 열렸고, 제한적인 성과를 담은 칙령이 공포되기도 했다.

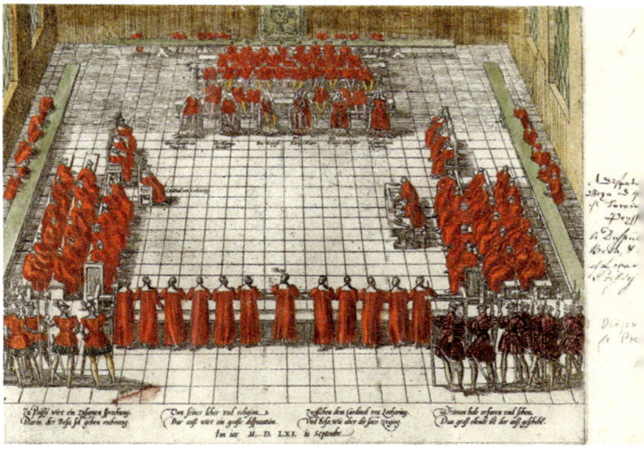

▲▼ **푸아시 회담 및 푸아시 회담 표지석** 1561년 9월 9-26일에 프랑스 왕 샤를 9세, 나바라의 여왕 잔 달브레 등이 참여하였고, 테오도르 베즈가 개혁 교회의 교리를 진술했음을 밝히고 있다.

1561년 9월 파리에서 가까운 푸아시의 한 수도원에서 로마가톨릭 교회와 위그노 사이의 화해를 위한 회담Colloquy of Poissy이 열렸다. 회담의 주최자는 이탈리아 피렌체의 메디치 가문에서 프랑스 왕실로 시집온 카트린 드 메디시스Catherine de Médicis였고, 그녀의 아들인 국왕 샤를 9세가 11세의 나이로 그 자리에 참석하였다. 로마가톨릭 측에서는 교황 특사인 페라라의 추기경 이폴리토 데스테Ippolito d'Este와 제2대 예수회 총장인 디에고 라이네즈Diego Laynez를 비롯한 추기경과 주교들이 참석하였고, 위그노 측에서는 제네바에서 온 테오도르 베즈Théodore de Bèze와 취리히에서 온 피에트로 베르밀리Pietro Martyr Vermigli 그리고 나바라의 여왕 잔 달브레를 비롯한 프로테스탄트들이 참석하였다. 보름 이상의 긴 대화를 이어갔지만, 신학적인 견해차를 좁히지 못했고 결국 별다른 성과를 거두지 못한 채 마무리되었다. 1562년 1월에는 생제르맹 칙령Edict of Saint-Germain이 반포되었는데, 위그노들이 총회를 소집하거나 자금을 모으거나 군대를 모집하는 것은 금하면서도 도시 밖의 제한된 지역에서 자유롭게 예배드리는 것만은 보장하였다.

| 위그노 전쟁, 바시에서 낭트까지 |

하지만 그것도 오래가지 못했다. 결국 1562년 3월 1일 기즈 가문 프랑수아 공작의 군대가 작은 시골 마을 바시Wassy의 헛간에서 예배를 드리던 60여 명의 위그노를 학살하는 사건이 일어났다. 이때부터 프랑스에서 로마가톨릭과 위그노 사이의 종교전쟁이 시작되었는데 이것을 흔히 '위그노 전쟁'이라 부른다. 바시의 학살 이후 루앙, 드뢰, 오를레앙 등에서 무력 충돌이 이어졌고, 심지어 1563년 2월에는 위그노가 프랑수아 공작을 암살하기도 했다. 카트린 드 메디시스가 1563년 3월 앙부아즈 칙령Edict of Amboise으로 양측의 휴전을 중재하기도 했지만, 그로부터 얼마 지나지 않아 또 다

▲ **바시의 학살** 학살이 일어난 장소의 주소는 1 Boulevard de l'Hôpital, 52130 Wassy이다.
▼ **성 바르톨로뮤 축일 전야의 학살** 오른쪽 앞 건물 창에 흰옷을 입고 살해당한 콜리니가 걸쳐져 있고, 왼쪽 뒤편에 검은색 옷을 입은 카트린 드 메디시스가 죽은 사람들을 바라보고 있다.

기즈의 앙리

나바라의 앙리

프랑스의 왕 앙리 3세

른 충돌이 이어졌다.

1562년 바시의 학살 이후 로마가톨릭과 위그노 사이에는 여러 차례 유혈참극이 반복되다가 1598년 4월 13일 낭트 칙령Edict of Nantes에 의해 비로소 프랑스의 종교전쟁이 끝이 났다. 이 36년이라는 기간은 프랑스 역사의 가장 어두운 시기 중 하나로, 전쟁, 기근, 질병으로 인해 대략 200-400만 명이 죽은 것으로 추정된다. 그중에서도 1572년 8월 23-24일 벌어진 성 바르톨로뮤 축일의 학살은 유럽의 종교전쟁에서 최악의 사건이다. 카트린 드 메디시스의 딸 마르가리타와 나바라의 잔 달브레의 아들 앙리의 정략결혼을 위해 파리에 모였던 위그노들이 로마가톨릭 세력에 의해 한꺼번에 몰살당하는 참극이 벌어졌다. 이때 죽은 위그노의 숫자에 대해서는 논란이 있지만, 대체로 파리에서만 위그노의 지도자 가스파르 콜리니를 비롯하여 2,000명 이상이 죽고 지방의 도시들에서도 수천 명이 죽어 전체적으로는 1만 명이 넘는 위그노가 학살을 당했다고 보고 있다. 이 사건은 위그노들에게 로마가톨릭교회는 절대 신뢰할 수 없다는, 지울 수 없는 기억을 남겼다.

위그노 전쟁의 막바지에 소위 '세 앙리의 전쟁'이라 일컬어지는 갈등 정국이 펼쳐진다. 철저한 로마가톨릭주의자인 기즈 가문의 앙리, 나바라에서 어머니 잔 달브레로부터 프로테스탄트 교육을 받고 자란 나바라의 앙리, 그리고 자신의 권력을 지키고자 했던 프랑스의 왕 앙리 3세, 이 세 사람 사이에 전략적 싸움이 벌어졌다.

먼저 앙리 3세가 자신의 왕권을 위협하는 기즈의 앙리를 1588년 12월 3일 블루아 성으로 유인해 살해하였다. 로마가톨릭 동맹은 국왕 앙리 3세에 대해 복수를 선언하였고, 앙리 3세는 자신의 육촌이자 위그노인 나바라의 앙리와 손을 잡을 수밖에 없었다. 앙리 3세의 할아버지 프랑수아 1세의 누나인 앙굴렘의 마르가리타가 바로 나바라의 앙리의 외할머니였기 때문에 두 사람은 육촌지간이었다. 그렇지만 결국 앙리 3세는 로마가톨릭 동맹의 추종자인 도미니크회 수도승 자크 클레망에 의해 1589년 8월 2일 암살당하고 만다. 임종하는 순간 앙리 3세는 오래된 프랑크족의 왕위계승법에 따라 육촌인 나바라의 앙리를 후계자로 지명하면서 대신 로마가톨릭 신앙으로 개종할 것을 강권하였다.

| 앙리 4세, 위그노인가 로마가톨릭인가 |

1589년 8월 나바라의 앙리는 프랑스의 새로운 왕 앙리 4세가 된다. 왕이 된 앙리 4세는 선임 국왕이자 육촌인 앙리 3세의 뜻에 따라 1593년 7월

▲ 낭트 칙령
◀ 낭트 성

앙리 4세가 암살된 거리 위쪽에 앙리 4세라는 글자가 보이고, 아래쪽에 암살당한 1610년 5월 14일이라는 숫자가 보인다. Au Coeur Couronné라는 레스토랑 앞길이며 주소는 6 Rue de la Ferronnerie, 75001 Paris이다.

25일 위그노 신앙을 포기하고 로마가톨릭으로 개종하였다. 이때 앙리 4세가 "파리는 미사를 드리더라도(종교를 바꾸더라도) 가질 가치가 충분하다." 라고 말했다고 전해진다. 하지만 앙리 4세가 정말 이런 말을 했는지는 알 수 없다. 또한 그가 권력욕 때문에 위그노 신앙을 버리고 로마가톨릭으로 개종을 한 것인지, 아니면 이후에 위그노에게 예배의 자유를 허락하기 위해 전략적 선택을 한 것인지 또한 알 길이 없다.

왕이 된 앙리 4세는 자신의 옛 신앙적 동지 위그노들을 잊지 않았다. 1598년 4월 30일 프랑스 낭트에서 칙령을 공포함으로써 위그노에게 예배의 자유를 허락하고, 양심의 자유와 시민으로서의 권리를 부여하였다. 앙리는 이를 통해 프랑스의 종교적 갈등이 해소되고 시민적 일치가 이루어지기를 원했다. 위그노 전쟁이 일어나기 직전에 반포된 1562년 1월의 생제르맹 칙령이 협소한 관용조처를 담고 있었다면, 낭트 칙령은 보다 폭넓은 관용정책을 포함하고 있었다. 하지만 로마가톨릭주의가 프랑스의 확립된 종교임을 확인하는 동시에 위그노에게 상당한 자유를 허락한 타협적인 낭트 칙령은 로마가톨릭교도도, 위그노도 만족시키지 못했다. 칙령의 원본은 현재 남아 있지 않지만, 제네바로 보내진 사본은 보존되어 있다.

앙리 4세가 개종을 한 후에도 로마가톨릭 동맹은 앙리를 완전히 믿지 못하고 늘 의심의 눈길을 보냈다. 1598년 낭트 칙령을 반포하여 위그노에게 예배의 자유를 허락한 것도 이런 불신을 초래한 하나의 이유였을 것이다. 결국 1610년 5월 14일 앙리 4세는 파리 시내 한복판인 이노상 분수 근처에서 로마가톨릭 동맹의 열광자인 프랑수아 라바이약François Ravaillac에게 암살당하고 만다. 지금도 앙리 4세가 암살당한 길 위에는 이 사건을 기념하기 위한 표지석이 놓여 있다. 앙리 4세는 프랑스 생드니 대성당 바실리카에 안장되었지만, 프랑스 대혁명 때 성난 군중들에 의해 유골이 훼손되었다. 그 후 2010년에 개인 수집가가 가지고 있던 두개골이 앙리 4세의 것으로 확인되기도 했다.

| 역사와 문화로 만나는 앙리 4세 |

퐁네프에 있는 앙리 4서 기마상

프랑스인들이 앙리 4세를 가리키는 여러 애칭이 있다. 앙리가 낭트 칙령을 통해 프랑스의 종교전쟁을 끝내고 공존과 평화의 시대를 열었다는 점에서 그를 '앙리 대왕'Henri le Grand이라고 부르기도 하고 '선량왕'le Bon Roi이라고도 부른다. 앙리 4세가 "하나님께서 허락하신다면 왕국의 모든 백성이 일요일마다 닭고기를 먹게 하겠다."라는 말을 했다고 전해지는데, 이것은 앙리가 백성들의 곤궁함을 잘 알고 있었고 그들의 삶이 나아지도록 애쓴 선한 왕이었음을 강조하기 위한 이야기일 것이다. 반면에 '호색한'

퐁네프 표지판 이 다리가 앙리 3세 치하인 1578년에 건설되기 시작하여 앙리 4세 때인 1607년에 완성되었음을 말해주고 있다.

le Vert-Galant이라고 불리기도 하는데, 이는 앙리의 여성 편력을 짐작하게 해준다. 그는 공식적으로는 두 번, 즉 1572년 카트린 드 메디시스의 딸인 마르가리타Marguerite de Valois와, 그리고 1600년 메디치 가문의 마리Marie de Médicis와 결혼했지만, 비공식적으로도 많은 정부를 두었다. 영화 〈퐁네프의 연인들〉로 유명한 파리의 퐁네프Pont Neuf 다리는 '새로운 다리'라는 그 뜻과는 달리 사실은 앙리 4세 때 완공된 파리의 센 강에서 가장 오래된 다리이다. 지금도 퐁네프를 방문하면 늠름한 자세로 말을 타고 있는 그의 조각상을 만날 수 있으며, 다리 중간에 있는 계단으로 내려가면 앙리 4세의 별명에서 따온 베르갈랑(호색한) 공원이 있다.

앙리 4세의 흥미진진한 생애는 독일의 소설가 하인리히 만Heinrich Mann의 『앙리 4세』(서울: 미래 M&B, 1999)에서 만날 수 있다. 원작은 2부작 소설로 1부 『앙리 4세의 청춘』은 1935년에, 2부 『앙리 4세의 완성』은 1938년에 출간되었고, 우리말로는 총 3권으로 번역되었다. 영화를 좋아하는 사람이라면 알렉상드르 뒤마의 소설을 원작으로 하는 〈여왕 마고〉La Reine Margot, 1994를 보면 위그노 전쟁의 역사를 흥미진진하게 이해할 수 있을 것이다. 프랑스의 국민배우 이자벨 아자니가 열연한 여주인공 마고는 카트린 드 메디시스의 딸 마르가리타이다. 이 영화에서 마고와 나바라의 앙리의 정략결혼을 중심으로 펼쳐지는 프랑스 종교전쟁의 역사를 만날 수 있다.

앙리 4세를 이야기하면서 그의 어머니 잔 달브레Jeanne d'Albret를 빼놓을 수 없다. 잔은 1528년 왕족으로 태어나 1560년 공개적으로 프로테스탄트 신앙을 고백함으로써 용기 있는 위그노 여성의 상징이 되었다. 이후 잔은 위그노파의 선두주자가 되어 자신이 다스리던 영지인 베아른과 나바라에서 프로테스탄트 종교개혁을 도입하였고, 1568-71년에 라로셸La Rochelle에 머물며 위그노 전쟁을 지휘하기도 하였다. 무엇보다 잔은 아들 나바라의 앙리를 위그노로 기르고 가르침으로써 긴 안목에서 볼 때 프랑스의 위그노에게 결정적인 영향을 미쳤다. 잔에 대한 자세한 내용은 이 책의 4장에서 다루고 있다.

파리의 뤽상부르 공원의 잔 달브레 동상

| 낭트 칙령에서 퐁텐블로 칙령까지 |

앙리 4세의 1598년 낭트 칙령으로 프랑스 내에서 위그노들이 예배할 수 있는 자유를 얻긴 했지만, 그들에 대한 적대감이 완전히 없어진 것은 아니었다. 따라서 낭트 칙령 이후에도 위그노들의 고단한 신앙 여정은 계속되었다. 특히 1620년대 라로셸에서의 항쟁은 눈물겨웠다. 1560년대 이후로 위그노의 근거지 역할을 한 라로셸은 이미 여러 차례 박해를 받은 적이 있었다. 그러다가 1620년대에 이르러 세 차례에 걸쳐 로마가톨릭 군대의 본격적인 대규모 공격을 받고 도시가 함락당하는 비운을 겪게 된다. 2만 5,000여 명의 주민들 가운데 1,500여 명만이 생존했을 정도로 그 결과는 참혹하였다.

▲ 위그노의 거점 라로셸
▼ 라로셸의 함락

결국 낭트 칙령이 반포된 지 100년도 채 지나지 않은 1685년 10월 22일, 앙리 4세의 손자 루이 14세는 퐁텐블로 칙령Edict of Fontainebleau을 통해 할아버지의 낭트 칙령을 취소하고 위그노 신앙을 불법으로 규정하였다. 프랑스 내에서 위그노에 대한 강력한 박해가 재개되었다. 위그노들은 로마가톨릭으로 개종하든지, 2주 내로 프랑스를 떠나든지 선택해야만 했다. 대략 30만 명 이상이 프랑스를 떠나 망명길에 올랐다. 이스라엘 백성의 출애굽을 연상시킬 정도의 대규모 피난 행렬이었다. 이들은 영국, 프러시아, 네덜란드, 스위스, 남아프리카, 북아메리카의 프랑스 식민지 등으로 피신하였다. 당시 위그노들 가운데는 숙련된 장인이나 전문적인 상인들이 많았기 때문에 이들의 해외 망명은 프랑스에 경제적으로나 문화적으로 큰 타격을 주었고, 이로 인해 야기된 경제적인 혼란이 결국 프랑스 혁명의 원인 중 하나로 작용했다고 평가되기도 한다. 프러시아 브란덴부르크의 선거후(=선제후, 신성로마제국에서 1356년에 황금문서에 의하여 독일 황제의 선거권을 가진 일곱 사람의 제후)인 프리드리히 빌헬름은 프랑스를 떠나는 사람들을 맞이하기 위해 퐁텐블로 칙령 반포 1주일 만인 10월 29일 포츠담 칙령Edict of Potsdam을 반포하여 위그노들의 브란덴부르크 유입을 격려하였다.

| 광야시대를 거쳐 관용령까지 |

망명 대신 프랑스에 남아 투쟁하기로 결심한 사람들은 파리에서 멀리 떨어진 남부 산악지역에 숨어 지내면서 프로테스탄트 신앙을 지켜나갔다. 하지만 프로테스탄트 신자들은 모든 법적 지위를 박탈당했기 때문에 신앙을 지키며 사는 것이 결코 쉽지 않았다. 위그노는 모든 공직에서 배제되었고, 로마가톨릭 교인과의 결혼도 금지되었으며, 자녀들은 학교에 진학할 수조차 없었다. 재산권과 상속권도 박탈당했고, 예배당은 폐쇄되었으며, 죽어서는 정식으로 묘지에 묻힐 수도 없었다. 우리식으로 말하자면 주민등록증도 발행되지 않는 유령 같은 존재였다. 소위 '광야교회' 시대가 시작된 것이다. 지금도 프랑스 남부에 있는 위그노의 '광야박물관'Musée du Désert

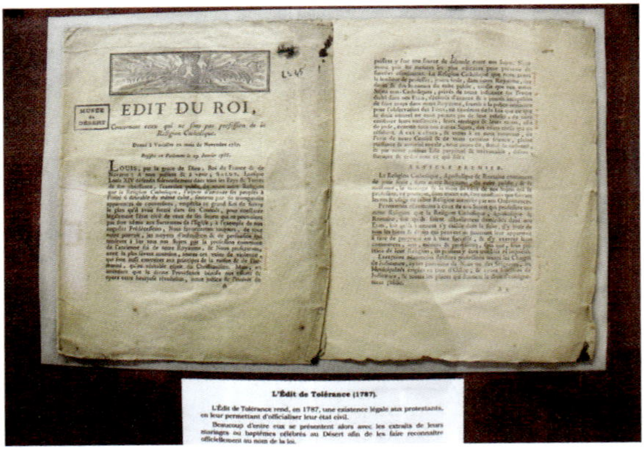

▲ **광야박물관** 위그노의 고난, 저항, 신앙 등을 만날 수 있는 광야박물관의 주소는 Le Mas Soubeyran, 30140 Mialet, 개방 시간은 매일 9시 30분-12시, 14-18시이다.

▼ **관용령** 광야박물관에 전시되어 있는 1787년 관용령

에 가면 당시 위그노들이 어떤 어려움 속에서 신앙을 지켜냈는지 생생하게 보여주는 역사의 흔적들을 그대로 만날 수 있다. 모진 박해와 광야의 고난은 루이 16세가 1787년 11월 7일 관용령Edict of Tolerance으로 알려진 베르사유 칙령Edict of Versailles을 공포할 때까지 계속되었다. 16세기 종교개혁 이후 박해받던 위그노는 18세기 말이 되어서야 비로소 법적·시민적·종교적 지위와 권리를 갖게 되었다. 그러나 2년 뒤인 1789년 프랑스 대혁명이 일어나면서 로마가톨릭이나 프로테스탄트를 막론하고 기독교는 새로운 위기에 직면하게 된다.

2

메랭돌과 토레펠리체, 발도파의 성지

| 발도와 발도파 공동체 |

발도파 신앙공동체는 12세기 프랑스 리옹 출신의 상인 피에르 발도 Pierre Waldo, c.1140-c.1205를 따르는 무리이다. 발도는 예수께서 부자 청년에게 하신, '네게 있는 것을 다 팔아 가난한 자들에게 주라. …그리고 와서 나를 따르라.'는 말씀에 전적으로 순종하여 자신의 모든 재산을 가난한 사람들에게 나누어주고 주님을 따랐다. 이후 많은 사람이 그의 주변에 모여들었고, 이들은 '리옹의 가난한 자들' 혹은 '발도파'라고 불리게 되었다. 자발적 가난의 삶을 산 발도는 당시 교회의 안일과 향락을 비판하면서, 신앙인

보름스 종교개혁자 기념 조형물 중 피에르 발도 동상
주소는 Lutherring, 67547 Worms, Germany이다.

이라면 "하나님과 맘몬을 동시에 섬길 수 없다."라는 그리스도의 가르침을 따라야 한다고 주장했다.

무엇보다 발도는 성서를 현대어로 번역한 최초의 인물이다. 그리스도인이라면 누구나 성서를 읽고 그 가르침을 지켜야 하는데, 당시에는 라틴어 성서밖에 없어서 교육받지 못한 대다수 사람들은 성서를 읽을 수조차 없었다. 그래서 발도는 평범한 사람들도 읽을 수 있도록 프랑스어 방언으로 신약성서를 번역하였다. 더 나아가 그는 남자뿐만 아니라 여자도, 성직자뿐만 아니라 평신도도 성서를 가르칠 수 있다고 주장하였다. 진정한 의미에서 만인제사장설을 주창한 최초의 인물이라고 할 수 있다. 또한 발도는 교회나 교황의 가르침보다 성서의 가르침이 더 위에 있다고 주장하면서 당시의 독선적인 교권에 대해 비판적인 태도를 보였다.

이런 발도의 주장이 로마교회에는 중대한 도발이었다. 1179년에 열린 제3차 라테란 공의회에서 발도파 대표들은 프랑스어로 번역된 자신들의 신약성서를 교황에게 제출하고 발도파의 생활방식과 설교권을 승인해달라고 요청했으나 거절당했고, 5년 뒤인 1184년 베로나 교회회의에서는 출교처분을 당하게 된다. 이제 발도파는 여기저기 유랑하면서 비밀리에 모여 예배하고 복음을 전할 수밖에 없게 되었다. 발도파의 지도자인 발도는 1205년경 죽은 것으로 추정될 뿐 그의 마지막에 대해서는 알려진 바가 없다. 결국 1215년 제4차 라테란 공의회에서 이단으로 규정된 발도파는 리옹에서 쫓겨나 프랑스의 뤼베롱 지역메랭돌과 이탈리아의 피에몬테 지역토레펠리체으로 피신하였다. 이후 발도파는 수차례의 박해를 겪으면서도 자신들의 신앙을 꿋꿋이 지켜나갔다.

16세기에 이르러 종교개혁운동이 일어나자 발도파는 초기 프로테스탄트 세력과 교류하기를 원했다. 1526년 라우스Laus 대회에서 발도파는 새롭게 일어나는 개혁운동을 조사하기 위해 여러 도시로 사절단을 파송하기

1532년 샹포랑 대회 400주년을 기념하여 1932년에 세운 기념비 Chanforan Monument의 주소는 Frazione Odin, 10060 Oddino TO, Italy이다.

로 결정하였고, 그 결과 1532년 개혁교회의 신앙에 동참하기로 결정하였다. 이에 따라 스위스와 프랑스의 개혁교회는 1532년 9월 12일 소집된 발도파의 샹포랑Chanforan 대회에 기욤 파렐Guillaume Farel과 앙투안 소니에Antoine Saunier를 파송하였다. 이 대회를 통해 발도파는 자신들의 신앙고백을 공식화하였고, 이후 은둔지에서 벗어나 프랑스 안에서 공개적으로 예배할 것을 결의하였다. 또한 파렐의 요청에 따라 칼뱅의 사촌인 올리베탕Pierre R. Olivétan의 프랑스어 성서번역을 재정적으로 후원하기로 하였다. 올리베탕 성서는 1535년 6월 4일 뇌샤텔 부근 세히에흐Serrières에서 출판되었다. 이 책의 서문에서 올리베탕은 자신의 번역을 "내세울 것 없는 가난한 교인들"에게 헌정하고 있는데 어쩌면 발도파를 염두에 둔 표현일 수도 있다. 올리베탕 성서는 1535년 9월 샹포랑에서 열린 발도파 대회에 제출되었다.

산악과 계곡에서 숨어 지내던 발도파들이 공개적으로 예배드리기 시작하면서, 그리고 프랑스와 스위스의 개혁교회와 연대하기 시작하면서 또 다른 난관에 봉착하게 되었다. 로마가톨릭 국가인 프랑스나 이탈리아가 프로테스탄트 신앙, 특히 개혁교회 신앙에 대한 박해를 강화하면서 발도파도 박해의 운명을 피할 수 없게 된 것이다. 그 대표적인 것이 프랑스 남부 뤼베롱 지역과 이탈리아 북부 피에몬테 지역에서 벌어진 비극적인 학살사건이다.

뤼베롱 지역의 도시 메랭돌 관광안내소의 주소는 Rue des Écoles, 84360 Mérindol, France, 연락처는 33-4-9072-8850이다.

| 메랭돌의 학살, 1545년 4월 18일 |

메랭돌Mérindol은 프랑스 남부 뤼베롱 자연공원 지역의 산악지대에 있는 작은 마을이다. 앞서 언급했듯이 발도와 발도파는 1184년 교황 루키우스 2세에 의해 파문되어 출교를 당했다. 그리고 1215년 교황 인노켄티우스 3세에 의해 이단으로 정죄되어 박해를 받았다. 교회의 부를 비판하는 그들의 설교는 '분파적'인 것으로, 성서를 자국어로 번역한 것은 '이단적'인 것으로 정죄되었다. 발도파의 어떤 가르침이 분파적이고 이단적인 것으로 간주되었는지는 발도파 지도자들에 대한 재판 기록을 통해 엿볼 수 있다. 발도파의 순회설교자를 일컫는 바르바(barba, 삼촌uncle이라는 뜻으로 로마가톨릭의 성직자에 대한 호칭인 아버지father와 차이를 두려고 택한 용어이다.)들의 재판 기록을 보면, 발도파는 성서를 신앙의 근간으로 중시하고, 사제와 성인의 중재 역할 및 연옥을 거부하며, 교회의 부와 권력의 독점을 비판하였다. 안타까운 것은 우리가 구할 수 있는 12-13세기 사료들이 대부분 발도파를 이단으로 규정한 로마가톨릭교회로부터 나온 것이라는 점이다. 또한 사료들이 파편적이고 단절적이어서 발도파의 전체적인 면모를 파악하는 데 어려움이 있다는 사실이다.

메랭돌에서 발도파의 학살

16세기에 들어오면서 종교재판관 장Jean de Roma에 의해 1530년 뤼베롱 지역의 발도파에 대한 투옥, 고문, 화형이 자행되기 시작했다. 1540년 3명Louis Serre, Jacques, Colin Pellenc의 발도파가 공개적으로 처형을 당하자 메랭돌에서 대중봉기가 일어났다. 로마가톨릭의 보복은 가혹했다. 열아홉 가정의 가장들이 재판도 없이 산 채로 화형당했고, 가족들은 모두 추방당하였으며, 집과 농장은 파괴되고, 재산은 몰수당했다. 1540년 11월 18일 발표된 메랭돌 칙령은 소위 "하나님과 인류에 대항하는 반역죄"에 대한 전형적인 판결이었다. 발도파에 대한 공격을 본격적으로 진행하기 위해서는 이 칙령에 대한 프랑스 왕의 재가가 필요했다. 국왕 프랑수아 1세는 한편으로는 독일과 스위스의 프로테스탄트 세력과의 연대를 깨고 싶지 않다는 외교적 판단 때문에, 또 다른 한편으로는 프로테스탄트에 우호적인 누나 나바라의 마르가리타의 영향 때문에 4년을 머뭇거렸다. 하지만 결국 1544년 말에 메랭돌 칙령을 승인하고 말았다.

1545년 4월 12일 새로운 칙령이 발표되었다. 이제 메랭돌뿐만 아니라 그 주변 지역의 모든 "발도파와 루터파를 박멸하라."라는 명령까지 더해졌다. 이에 1만 5,000명에 이르는 군대가 꾸려졌는데, 왕의 군대, 교황의 군대, 프로방스에서 징집된 군대가 연합한 세력이었다. 1545년 학살의 주모자는 프로방스 의회의 초대 의장인 장 마이니에Jean Maynier였고, 군대 명령권자는 2,000명의 병사와 함께 이탈리아 전쟁에서 막 돌아온 앙투안 에스칼랭Antoine Escalin이었다. 이때 메랭돌에서 죽은 사람만 수백 명에서 수천 명에 이르고, 주변의 20개 이상의 도시가 황폐해졌으며, 수백 명의 남성이 포로로 잡혀 갤리선의 노예로 보내졌다.

| "용서하되 잊지는 말자" |

1545년 4월 16일 화요일에 왕실의 군대와 교황의 용병들이 메랭돌에서 동남쪽으로 30km 지점에 있는 마을인 페르튀이Pertuis에 집결하였다. 그리고 일주일 동안 인근 11개 마을에서 파괴와 학살이 자행되었다. 4월 17일 수요일 메랭돌로 가는 길목에 있는 마을들Villelaure, La Roque d'Anthéron이 약탈을 당했고, 4월 18일 메랭돌의 학살로 이어졌다. 발도파는 필사적으로 저항하며 항전하였다. 억압-피난-저항, 즉 3R Repression-Refuge-Resistance의 순환이 확립되었다. 메랭돌에서의 학살 소식을 들은 제네바의 개혁자 칼뱅은 1545년 5월 4일 파렐에게 보낸 편지에서 "박해자들이 얼마나 야만적이며 잔인했던지, 어린 소녀나 임산부나 아이들도 전혀 고려하지 않았습니다.

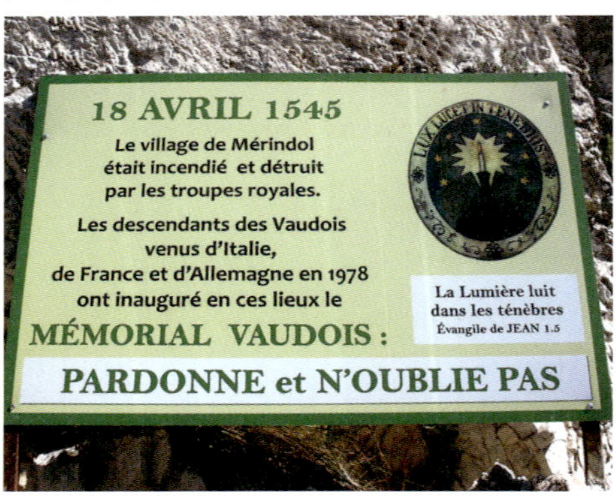

▲ 메랭돌 성의 폐허
▼ 메랭돌 항전의 유적
◀ 메랭돌의 비극을 기념하는 명판
▶ 신앙을 위해 목숨을 잃은 프로방스의 발도파를 기념하는 석판

잔인함이 얼마나 지독했던지 나는 그 생각을 할 때면 혼란에 빠지게 됩니다. 아! 무슨 말로 이 당혹감을 표현할 수 있겠습니까?"(*Letters of John Calvin* 1:458)라고 썼다.

메랭돌에서 북쪽으로 30km 지점에 있는 마을인 카브리에레 다비뇽Cabrières d'Avignon의 발도파도 목숨을 걸고 저항했지만 4월 19일과 20일에 걸쳐 900명 이상이 죽임을 당했고 성은 함락되었다. 최신 무기로 무장한 압도적인 군대 앞에서 평범한 사람들의 저항에는 한계가 있었다. 현재 복원된 카브리에레 다비뇽 성 입구에는 항전의 기념석이 남아 있다. 기념석에는 "1545년 4월 19일과 20일 백작령 카브리에레 바로 이곳에서 왕의 군대와 마이니에가 지휘하는 교황의 용병들이, 마롱Eustache Marron의 지도 아래 성안에 머물던 뤼베롱의 발도파를 학살하였다."라고 쓰여 있다.

뮈르와 라코스테에서도 잔인한 학살은 이어졌다. 카브리에레 다비뇽에

메랭돌에 있는 발도파 기념박물관("La Muse" Centre de documentation sur l'histoire Vaudoise) 주소는 300 Rue de la Muse, 84360 Mérindol이다. 방문객이 거의 없기 때문에 반드시 사전에 연락을 하고 가는 것이 좋다. 연락처는 33-04-90-72-91-64, 문의는 questionsvaudoises@gmail.com으로 할 수 있다.

서 동북쪽으로 15km 지점에 있는 마을인 뮈르Murs의 바리굴Barigoule 동굴에 숨어 있던 사람들은 연기로 질식사하였는데, 1971년 고고학자들에 의해 그 유해가 발견되기도 했다. 4월 23일 화요일에는 카브리에레 다비뇽에서 동남쪽으로 15km 지점에 위치한 산악마을인 라코스테Lacoste에서 많은 여성과 어린이가 강간당하고 살해되었다.

메랭돌을 포함한 주변 도시들에서 적어도 3,000명 이상이 학살된 것으로 추정되며, 기아와 질병으로 죽은 사람과 갤리선에서 죽은 사람까지 포함하면 5,000명 이상일 것이다. 로마가톨릭은 이 위대한 승리를 축하했고, 교황 바오로 2세는 학살자 장 마이니에의 업적을 칭송하고 성 요한의 기사Knight of St. John로 임명하였다. 그러나 학살이 발도파를 박멸하지는 못했다. 발도파는 끝까지 살아남았다. 그들은 자신들의 비극적인 과거를 자랑스러운 기억으로 간직하고 있다. 오늘날 메랭돌을 방문하는 사람들은 메랭돌 성 위에 붙어 있는 다음과 같은 발도파의 기념 명판을 볼 수 있다. "1545년 4월 18일, 이날 메랭돌 마을이 왕의 군사들에 의해 불타고 파괴되었다. 이탈리아, 프랑스, 독일에서 온 발도파의 후예들이 1978년 이 현장에 발도파 기념 명판을 게시한다. 용서하되 잊지는 말자."

2016년 봄, 필자는 메랭돌의 성에 올라가 파괴된 흔적 위에 오랜 시간 앉아 있었다. 지금은 너무나 고요한 장소이지만, 500년 전의 함성과 외침이 들리는 것만 같았다. 메랭돌의 비극은 최초의 프로테스탄트 저항의 상징이자 최초의 반反종교개혁 학살의 신호탄이었다. 발도파는 전사라기보다는 순교자였다. 박해에 맞선 그들의 저항은 군사적인 것이라기보다는 영적인 것이었다. 그들은 싸움터로 나가기 전에 시편을 찬송하고 기도하였다. 그들은 신앙과 양심의 자유를 위해 성령에 의지하며 박해에 맞서 싸웠다. 고린도후서 3장 17절 "주의 영이 계신 곳에는 자유가 있느니라"라는 말씀이 그들에게 한없는 위로가 되었다.

방문자 소감

꼬불꼬불한 산길을 차로 올라가, 다시 한참을 걸어 올라가니 메랭돌의 정상에 갈 수 있었다. 메랭돌 성의 폐허, 돌들은 발도파의 학살과 저항을 대변하듯 거친 모양으로 자리하고 있었다. 메랭돌의 한적한 마을들, 흘러내리던 땀방울, 그늘에 들어가면 불어오던 바람, 그리고 곳곳에 피어나 있던 꽃들이 아직도 눈에 선하다.

답사를 마치고 한국에 돌아와 사진을 정리하다 보니 유독 메랭돌에서 찍은 꽃들이 눈에 들어왔다. 관리되지 않고 덩그러니 심긴 꽃들도 있었고, 딱딱한 돌 속에서 힘겹게 싹을 피운 새싹도 있었고, 눈에 띄지 않는 곳에서 조용히 꽃을 피워내는 것들도 있었다. 그 꽃들을 한참 바라봤다. 발도파가 생각났다. 당시 교회의 안일과 향락, 부패, 오류를 비판하며 800년의 세월 동안 저항의 삶을 살아낸 그들의 땀과 피가 메랭돌의 땅에 뿌려졌다. 그리고 그 땀과 피와 외침이 뿌리를 내려 우리에게 꽃을 피워냈다. 오랜 세월 그곳에서 피워내고, 지고를 반복하며 모든 것을 바라보았을 꽃들이다. 그 꽃들에게, 발도파에게 감사의 인사를 전한다. 당신들의 저항, 진리를 향한 간절함이 있었기에 오늘의 내가 있고, 오늘의 교회가 있음을 기억한다. 그리고 이제는 그 꽃을 기억하며 새로운 꽃을 피워낼 수 있기를 기도한다.

- 조신영

무더운 날씨에 메랭돌 산성에 올라갔다. 산을 올라가기까지의 과정은 결코 쉽지 않았다. 계속해서 굽은 비탈길이었고 잘 다져지지 않은 거친 흙길이었다. 산을 올라가니 발도파와 이 산에서 일어난 학살에 대한 간략한 소개 글과 그림이 있었다. 그림에는 탑 위에서 칼에 찔려 밑으로 내던져지는 발도파 사람들의 모습이 담겨 있었다.

정상에 올랐을 때, 처음에는 눈앞에 펼쳐진 절경을 만끽할 수 없었다. 목숨을 걸고 거친 길을 올랐을 발도파에 대한 미안함 때문이었다. 하지만 산 아래 펼쳐진 경치를 보며, 이내 다른 생각을 하게 되었다. 해방감과 자유로움이 느껴졌다. 산 밑 마을에서 본인들의 신앙이 위협받지 않을까 두려워하며 발을 동동 굴렀을 그들에게 산이라는 드넓은 자연은 발도파를 감싸주고 보호해주는 하나님의 품과 같았으리라. 산성의 폐허로 남은 돌들은 그들의 고난과 간절함을 지켜보았으리라.

발도파에게 신앙이란 길이 나 있지 않은 풀숲을 헤치며 지켜내야만 하는 것이었으며, 산을 올라 본인의 존재를 숨겨가면서까지 지켜야만 하는 소중한 무엇이였을 것이다. 그 신앙은 개인이 갈고 닦아 간직할 때 나는 빛보다, 신앙공동체가 함께 예배하며 그들의 경험과 눈물로 빚어낼 때 더 값지기에 누구 하나 쉽게 포기할 수 없는 하나님의 선물이었을 것이다.

- 문선영

| 토레펠리체, 발도파의 흔적과 만나는 곳 |

메랭돌이 알프스 산맥의 프랑스 쪽에 있다면, 알프스 건너편 이탈리아 피에몬테에는 토레펠리체라는 작은 마을이 있다. 토레펠리체는 토리노에서 남서쪽으로 60km 정도 떨어진 조용한 시골 마을이다. 그곳에 가면 과거 발도파의 흔적을 만날 수 있다. 필자도 두 번 토레펠리체를 방문하였다. 발도파의 흔적은 모두 산 위에 있는데, 로마교회의 감시와 눈을 피해 살아가며 예배해야 했던 발도파들이 산 위로, 위로 올라갈 수밖에 없었기 때문이다. 그 산 위에 발도파가 자녀들을 교육하던 학교가 있다. 교육을 통해 그들은 세대에서 세대를 이어가며 성서 말씀에 기초한 믿음을 굳게 붙들고 수백 년을 버텨온 것이다. 또 발도파 신자들이 박해를 피해 숨어

토레펠리체 마을에 있는 발도파 게스트하우스 여행정보를 얻고 박물관을 둘러보려면 Museo Valdese Centro Culturale Valdese를 찾으면 된다. 주소는 Via Beckwith, 3, 10066 Torre Pellice TO, Italy, 연락처는 39-0121-9321790이고, 이메일은 il.barba@fondazionevaldese.org이다.

▲ 토레펠리체 산 위에 있는 학교
▼ 토레펠리체 발도파 교회와 목회자
▶ 토레펠리체의 발도파 동굴

발도파의 문장

예배를 드리던 동굴도 있다. 입구가 너무 낮고 좁아 허리를 숙이고 손으로 땅을 짚어야만 겨우 들어갈 수 있었다. 필자는 그곳에서 함께 방문한 학생들과 같이 찬양하고 기도를 드렸다. 발도파들의 정직하고 진실한 신앙 앞에 우리의 눈시울이 뜨거워졌다. 캄캄한 동굴이지만 위에서 비추는 작은 빛이 우리가 부른 "어둔 밤에도 주의 밝은 빛 인도하여 주신다"라는 찬양 가사와 어찌나 잘 어울리던지 마치 계시의 순간처럼 느껴졌다. '어둠 속을 비추는 빛'이 바로 발도파의 상징이다.

| 피에몬테 부활절 학살, 1655년 4월 24일 |

1655년 4월 24일 로마가톨릭 군대가 피에몬테에서 자행한 악명 높은 발도파 학살사건을 '피에몬테 부활절 학살' 혹은 '피의 부활절'이라고 부른다. 이 잔혹한 학살이 부활절 주간에 일어났기 때문에 이런 이름을 갖게 된 것이다. 인간이 인간을 상대로 어떻게 이토록 잔인할 수 있단 말인가.

프랑스에서 메랭돌 마을이 있는 뤼베롱 산악지역과 도피네 지역이 발도파의 근거지였다면, 이탈리아에서는 토레펠리체가 속한 피에몬테 지역이 발도파의 은신처였다. 1655년 1월 사보이 공작은 피에몬테 계곡의 발도파에게 로마가톨릭교회의 미사에 참여하든지, 아니면 3주 내로 집과 땅을 처분하고 산 위로 올라가라고 명하였다. 공작은 사람들이 당연히 전자를 택할 것이라고 기대했지만, 발도파는 후자를 택하였다. 공작은 자신의 책략이 실패하자 1655년 4월 24일 학살을 시작했다. 대략 1,700명의 발도파가 살육을 당했는데, 이 학살이 너무나 잔인했기 때문에 온 유럽의 공분을 불러일으켰다. 잉글랜드의 올리브 크롬웰Oliver Cromwell은 발도파를 위해 편지를 쓰고, 모금을 하고, 금식을 요청하고, 군대 파견을 검토하는 등의 조처를 취했다. 이 학살은 『실낙원』의 저자인 존 밀턴으로 하여금 〈최근 피에몬테에서 일어난 학살〉이라는 유명한 시를 쓰도록 자극했다. 스위스와 네덜란드의 칼뱅주의자들은 발도파 생존자들을 스위스와 네덜란드로 데려올 계획을 세웠다. 암스테르담의 의원들은 1656년 성탄절에 167명의 발도파를 당시 암스테르담의 식민지였던 델라웨어로 데려오기 위해 세 척의 배를 보내기도 했다. 피에몬테에 숨어 있던 사람들은 조수아 자나벨Joshua Janavel의 지도하에 게릴라 저항운동을 펼쳤다. 그리하여 자나벨이 이끄는 불굴의 전사들은 발도파 역사의 전설이 되었다. 국제적인 여론의 압박 때문에 사보이의 공작이 한발 물러서기는 했지만 발도파에 대한 탄압은 계속되었다.

오! 주님, 복수하여 주소서.
학살당한 당신의 거룩한 자녀들의 뼈가
차디찬 알프스 산에 흩뿌려져 있나이다.

우리 조상들이 모두 나무와 돌을 숭배할 때에도,
그들만은 당신의 진리를 오래도록 순수하게 지켜왔나이다.

그들을 잊지 마시고 당신의 생명책에 그들의 신음소리를 기록해주소서.
그들은 당신의 양입니다. 오래전부터 양 우리에 속한 사람들입니다.
그들이 피에 굶주린 피에몬테 사람들에 의해 학살되었나이다.
어머니가 아이와 함께 바위 위에 메쳐졌나이다.

그들의 신음이 골짜기에서 언덕으로, 마침내 하늘에 이르렀나이다.
순교자의 피와 재가 뿌려졌나이다.
여전히 삼중의 폭군이 지배하는 온 이탈리아 땅 위에.

거기서 백 배나 많은 사람들이 자라나 당신의 도를 배워
머지않아 바빌론의 화를 면할 수 있을 것입니다.

– 존 밀턴, 〈최근 피에몬테에서 일어난 학살〉

| 낭트 칙령 폐지 이후의 박해와 '영광스러운 귀환' |

프랑스에서 1685년 루이 14세가 낭트 칙령을 폐지하자 프로테스탄트 신앙에 대한 박해가 재개되었다. 피에몬테에서도 새롭게 사보이의 공작이 된 빅토르 아마데우스 2세Victor Amadeus Ⅱ가 루이의 뒤를 따라 1686년 1월 31일 발도파를 불법으로 규정하는 칙령을 선포하였다. '피에몬테 부활절 학살'이 일어난 지 30년 만에 또다시 피에몬테에 있는 모든 발도파 신자들은 보름 안에 자신의 오류를 공개적으로 참회하든지, 죽임을 당하든지 양자택일을 해야만 했다. 예고된 보름이 지나고 군대가 발도파가 모여 사는 계곡을 공격했지만, 발도파는 끝까지 저항하였다. 당시 발도파 목회자인 앙리 아르노Henri Arnaud는 1686년 4월 18일 로카피에타 대회에서 감동적인 연설로 많은 사람을 투쟁에 나서도록 이끌었다.

발도파는 용감한 투쟁을 전개하였지만, 1686년 6월에 이르러 전투의 패색이 짙어졌다. 2,000명이 죽임을 당했고, 2,000명은 로마가톨릭 신앙으로 개종하였으며, 또 다른 8,000명은 투옥되었는데 그중 절반은 강요

된 굶주림과 질병으로 6개월 이내에 죽었다. 하지만 200-300명의 발도파는 산속으로 피신하여 게릴라 전쟁을 이어갔다. 끈질긴 투쟁 끝에 제한적인 양보를 얻어냈는데, 사보이의 공작은 1687년 1월 3일 발도파에게 토마 가톨릭으로 개종하든지 아니면 즉시 피에몬테를 떠날 것을 명하였다. 그리하여 2,800여 명의 발도파 신자들이 피에몬테를 떠나 제네바로 향했다. 제네바까지 가는 험한 여정에서 300여 명이 목숨을 잃었다.

앙리 아르노를 비롯한 발도파 사람들은 유럽의 여러 실권자에게 도움을 청하였다. 아르노는 오라녜의 공작 빌렘Willem van Oranje에게, 다른 사람들은 유럽의 여러 협력자에게 도움을 간청하였다. 다행히 1686년 프랑스의 팽창주의 정책에 맞서 오라녜 공작의 주도하에 아우크스부르크 동맹League of Augsburg이 결성되었다. 국제 정치와 외교 상황의 변화 때문에 1689년 사보이의 공작이 프랑스 편에서 아우크스부르크 동맹 편으로 정치적 입장을 바꾸자 발도파에 대한 박해도 중단되었다. 그리하여 피에몬테를 떠났던 발도파들이 피에몬테의 계곡으로 돌아올 수 있었는데, 이것을 '영광스러운 귀환'Glorious Return이라고 일컫는다. 이때 900여 명이 어렵게 피에몬테로 돌아올 수 있었다.

| 19세기부터 현재까지의 발도파 |

피에몬테의 발도파는 프랑스 혁명이 지나고 한참 후인 1848년에서야 양심의 자유와 시민의 권리를 인정받았다. 1848년 2월 17일 사르디니아의 샤를 알베르Charles Albert가 '해방 칙령'을 반포하여 발도파에게 법적이고 정치적인 자유를 허락한 것이다. 1853년 드디어 토리노에 발도파 교회가 세워졌다. 교회의 설립은 이제 발도파도 자신들의 신앙을 공개적으로 고백하며 예배할 수 있고, 자유롭게 설교하게 되었음을 상징하는 것이다. 그리고 목회자를 훈련시키는 발도파 신학교가 1855년 토레펠리체에 세워졌다. 이 학교는 1922년 로마로 옮겨 자리를 잡았다. (Facoltà Valdese di Teologia: 학교의 홈페이지는 http://facoltavaldese.org이며, 주소는 Via Pietro Cossa, 42, 00193 Roma RM, Italy이고, 연락처는 39-06-320-7055이다.) 로마가톨릭의 본부인 바티칸 바로 가까운 거리에 발도파 신학교가 있다는 사실이 참으로 많은 것을 생각하게 한다. 한편 19세기 후반 피에몬테 계곡에 살던 발도파들은 심각한 가난에 직면해 많은 사람이 우루과이와 아르헨티나로 이민을 떠나 그곳에서 스페인어를 사용하는 발도파 교회를 세우기도 했다.

오늘날 발도파 교회는 세계개혁교회연맹WCRC, 세계감리교연합WMC, 이탈리아 복음주의교회연맹FECI, 세계교회협의회WCC에 소속된 회원이다. 1975년 발도파 교회는 이탈리아의 감리교회와 연합하여 발도파-감리교 연합교회UWMC를 형성하였다. 현재 이탈리아에는 발도파-감리교 연합교회 교인이 2만 5,000명 정도 있으며, 그중에서 1만 명 정도가 여전히 발도파 계곡에 살고 있다. 아르헨티나와 우루과이 등에도 발도파 교인 1만 5,000여 명이 흩어져 있다. 교세로만 보면 한국의 대형 교회 1개 정도에 불과할지도 모른다. 그러나 그 역사와 영향력으로 보자면 과연 종교개혁운동의 선구자요, 고난 가운데서도 담대한 신앙으로 세상을 이긴 '세상이 감당할 수 없는 사람들'이 아닌가!

| 교황 프란체스코가 800년 만에 발도파에게 용서를 구하다 |

2015년 6월 22일 교황 프란체스코가 피에몬테의 토리노에 있는 발도파 교회를 방문하여 과거 로마가톨릭교회가 저지른 잘못을 사죄하고 화해를 청하였다. 교황은 로마교회가 발도파 교회에 보인 "비기독교적이고, 심지어 비인간적이었던 태도와 행위"에 대해 용서를 구했다. 1215년 발도파가 이단으로 정죄받고 숱한 고난의 길을 걸어온 지 800년 만에 일어난 일이다. 이날 발도파는 프란체스코 교황에게 성서 한 권을 선물했다. 오래전에 발도파가 로마 교황에게 그리스도인의 신앙과 생활에서 최상의 권위인 하나님의 말씀, 성서를 선물한 것처럼 말이다.

현재의 로마 교황 프란체스코는 '가난한 이를 위한 가난한 교회'라는 이상을 되풀이하여 말하곤 한다. 그는 가난의 사도인 아시시의 성인 프란체스코의 이름을 자신의 교황명으로 삼기까지 했다. 그러나 사실상 아시시의 프란체스코보다 40여 년 먼저 태어나 자발적인 가난과 성서의 수위성과 평신도를 통한 복음화를 주창한 발도야말로 아시시의 프란체스코의 스승이고 동시에 종교개혁자들의 스승이라 할 수 있다. 발도와 프란체스코 두 사람의 차이점은, 발도는 성서에 어긋나는 교권에 저항했고, 프란체스코는 교권에 순응했다는 것이다. 공교롭게도 이탈리아계 아르헨티나인인 교황의 아버지와 조부모의 고향이 바로 토레펠리체가 있는 피에몬테이다. 아마도 교황은 어릴 때부터 부모와 할아버지와 할머니에게서 가난한 이들의 친구였던 발도파에 대해 들어 알고 있었을 것이다. 로마교회에서 이단으로 정죄를 받아 모진 고난을 겪었던 프로테스탄트 발도파 교회를 800년 만에 로마 교황이 방문하게 된 것은 참으로 역사의 아이러니가 아닌가!

발도가 당시의 신학과 제도에 순응했다면 아마도 그의 삶은 순탄했을 것이고, 아시시의 프란체스코보다 더 존경받는 성인이 되었을지도 모를 일이다. 그러나 그는 성서에 기초하여 자신이 옳다고 믿는 바를 말하고 행하는 데 주저하지 않았고, 기꺼이 좁고 험한 길을 걸었다. 그를 따르던 발도파도 800여 년의 오랜 세월 동안 모진 박해를 받았으나 지금까지 살아남아 세계 각지에서 자신들의 신앙을 충실히 지켜가고 있다. 오직 성서라는 원칙을 굳게 지킨 발도와 발도파야말로 16세기 종교개혁운동의 선구자라고 할 수 있다. 발도파 저항의 거점이던 메랭돌과 토레펠리체를 방문한다면 바른 신앙을 지키고자 한 그 일념 때문에 그들이 당한 고난의 역사와 현장을 맞닥뜨리게 될 것이다. 그들이 당한 아픔과 고통으로 가슴이 먹먹해지는 경험을 하게 될 것이고, 우리 자신의 나태한 신앙에 부끄러움을 느끼는 한편, 하나님을 위해 일생을 걸고자 하는 각오와 용기도 생길 것이다. 발도는 죽었지만 발도의 꿈과 뜻과 비전은 오늘날 수만 명의 발도파 신자들을 통해 전 세계에 깊은 울림을 주고 있다.

3

성 바르톨로뮤 축일의 학살

| 성 바르톨로뮤 |

바르톨로뮤Bartholomew는 예수 그리스도의 열두 사도 중 한 사람으로 개역개정 공관복음서와 사도행전에서는 '바돌로매'라는 이름으로 나온다. 바돌로매는 '돌로매의 아들'이라는 뜻으로, 이름이라기보다 가문을 알려주는 칭호이다. 그런데 많은 학자는 사도 바돌로매가 요한복음에 등장하는 '나다나엘'과 동일 인물이라고 여긴다. 만일 그렇다면 이 사도는 '돌로매의 아들 나다나엘'이 될 것이다.

16세기 독일 화가 알브레히트 뒤러의 성 바르톨로뮤 오른손에는 성서를, 왼손에는 칼을 들고 서 있다. 왼쪽 아래로 1523년이라는 작품을 그린 연도와 자신의 이름 약자인 A.D.라는 서명이 보인다.

요한복음에 따르면 나다나엘은 빌립으로부터 나사렛 사람 예수를 소개받고 예수를 찾아간다. 그때 주님은 자신에게 다가오는 나다나엘을 보고 "참으로 이스라엘 사람이라 그 속에 간사한 것이 없도다"(요 1:47)라며 그를 칭찬한다. 그 후 나다나엘은 주님을 향해 "당신은 하나님의 아들이시요 당신은 이스라엘의 임금이로소이다"(요 1:49)라고 고백한다. 예수 그리스도를 '하나님의 아들'이요 '이스라엘의 왕'으로 고백한 최초의 인물이 바로 나다나엘이다. 이 고백이 예수 그리스도의 신성(하나님의 아들)과 인성(이스

미켈란젤로의 〈최후의 심판〉 (1536-41) 사도이며 순교자인 성 바르톨로뮤가 벗겨진 자신의 살가죽을 들고 있는데 거기에 그려진 얼굴이 바로 미켈란젤로의 자화상이다.

라엘의 왕)을 동시에 고백한 신앙고백이라고 해석하는 학자들도 있다.

바르톨로뮤에 관한 자세한 이야기는 성서에 나타나지 않지만 교회의 전승에서는 그가 인도, 아르메니아, 페르시아 제국의 여러 곳에서 복음을 전하다가 마지막에는 칼로 살갗이 벗겨져 순교당했다고 전한다. 그래서 바르톨로뮤를 묘사하는 그림에서는 종종 그가 칼을 들고 있는 모습을 볼 수 있다. 독일의 화가 알브레히트 뒤러가 1523년에 그린 바르톨로뮤 초상화에서도 칼을 들고 있는 모습이고, 바티칸 박물관의 시스티나 예배당 안에 있는 미켈란젤로의 작품 〈최후의 심판〉에도 오른손에는 칼을 들고, 왼손에는 벗겨진 자신의 살가죽을 들고 있는 바르톨로뮤의 모습이 그려져 있다. 사도이자 순교자인 바로톨로뮤는 로마가톨릭교회에서 성인으로 추대되었는데, 칼에 가죽이 벗겨져 죽었기 때문에 가죽을 다루는 피혁 노동자와 제화공의 수호성인으로 지정되었다. 로마가톨릭교회에서 성 바르톨로뮤의 축일은 8월 24일이다.

| 성 바르톨로뮤 축일의 학살, 1572년 8월 24일 |

1572년 8월 24일 기즈 가문을 중심으로 한 로마가톨릭 세력이 나바라 왕국의 부르봉 가문인 앙리와 프랑스 왕국의 발루아 가문인 마르가리타의 결혼식에 참석하려고 파리에 모인 위그노를 학살하는 일이 벌어졌다. 이날이 성 바르톨로뮤의 축일이었기 때문에 이 사건을 '성 바르톨로뮤 축일의 학살'이라 부른다. 희생자의 숫자에 대해서는 논란이 있지만, 이날 파리에

루브르 박물관 옆에 있는 생제르맹록스루아 교회당
교회당의 종소리와 함께 위그노 학살이 시작되었다. 주소는 2 Place du Louvre, 75001 Paris이다.

서만 위그노의 지도자인 프랑스 해군 제독 가스파르 드 콜리니Gaspard de Coligny를 비롯하여 2,000-4,000명이 죽임을 당했고, 이어지는 한 주간 프랑스의 다른 도시들에서도 8,000여 명이 희생을 당했다. 이 사건은 16세기 종교개혁 역사에서 일어난 가장 끔찍한 사건으로 남아 있다.

사건의 발단은 앙리와 마르가리타의 정략결혼이었다. 프랑스 내에서 위그노의 세력이 점차 커지면서 종교적 갈등으로 인한 정치적 불안이 가중되자 당시 황후인 카트린 드 메디시스는 자신의 딸 마르가리타와 위그노의 구심점 역할을 하고 있던 나바라의 앙리를 결혼시킴으로써 종교적이며 정치적인 불안과 갈등을 종식시키고자 하였다.

▲▼ 파리의 노트르담 성당의 외부와 내부 1572년 8월 18일 앙리와 마르가리타의 결혼식이 열렸다

◀ **카트린 드 메디시스**
▶ **앙리와 마르가리타**
두 사람의 눈이 서로 다른 곳을 보고 있는 것이 정략결혼인 그들 결혼의 성격을 보여주는 듯하다.

이미 위그노와 로마가톨릭은 프랑스에서 세 차례의 무력충돌1562-63, 1567-68, 1568-70로 많은 희생을 치른 터였다. 따라서 프랑스의 발루아 왕가는 이 결혼으로 지난 10년 동안 이어진 종교전쟁을 끝내고자 하였다. 마침내 1572년 8월 18일 월요일에 앙리와 마르가리타가 파리의 노트르담 대성당에서 거창하고 화려한 결혼식을 올렸다. 물론 두 사람 모두 서로를 사랑해서가 아니라 서로가 필요해서 받아들인, 마음에도 없는 결혼식이었다.

사실 로마가톨릭교회의 설교자들은 만일 이 결혼식이 치러진다면 끔찍한 심판이 있을 것이라고 오래전부터 위협해왔다. 시몽 비고르Simon Vigor 주교는 계속하여 "하나님께서 결코 이같이 혐오스러운 결합을 용서하지 않으실 것"이라고 설교했다. 로마가톨릭주의자들은 이런 왕가의 정략결혼이 저주스러운 이단과 협력하려는 왕의 의도를 보여준다며 의혹의 눈초리를 보냈다. 하지만 그들의 심중에는 더 중요한 정치적 이유가 있었다. 로마가톨릭의 시각에서 볼 때, 프랑스 북쪽 네덜란드에 있는 프로테스탄트를 도와 스페인에 맞서야 한다면서 왕 샤를 9세에게 영향력을 행사하는 콜리니 제독이 눈엣가시 같은 존재였다. 프랑스가 전통적인 로마가톨릭 국가인 스페인과 맞서 프로테스탄트 세력인 네덜란드를 돕는 선택을 한다는 것은

가스파르 드 콜리니

로마교회 입장에서는 절대 받아들일 수 없는 일이었다.

1572년 8월 22일 금요일 아침, 불안한 정적이 깨졌다. 왕을 만나고 돌아가는 콜리니를 향해 모르베르의 영주 샤를 드 루비에Charles de Louviers, Sieur de Maurevert라는 암살자가 창문에서 두 발의 총을 발사했고, 콜리니는 오른손과 왼팔에 부상을 당했다. 다행히 콜리니의 동료들이 재빨리 그를 안전한 곳으로 옮겨 목숨을 구할 수 있었다. 역사가들은 대체로 황후인 카트린 드 메디시스가 모르베르를 이용하여 콜리니를 암살하려 했다고 여긴다. 카트린이 자기 아들인 샤를에게 콜리니가 큰 영향력

가스파르 드 콜리니 암살 시도와 살해 그림 왼쪽에는 1572년 8월 22일의 콜리니 암살 시도가 표현되어 있으며, 오른쪽에는 이틀 뒤인 8월 24일 자신의 침실에서 살해당하는 콜리니가 그려져 있다.

을 행사하는 것에 대해 불안해했고, 스페인과의 전쟁을 피하고자 했기 때문이다. 하지만 다른 관점을 가진 역사가들은 콜리니와 오랫동안 반목해 온 기즈 가문이나 스페인의 알바 공작의 사주를 받았으리라 생각한다. 동기나 원인과 상관없이 이 실패한 암살은 파리 시내에 의혹과 두려움, 증오를 증폭시켰으며, 이틀 뒤 대규모 학살을 초래하는 도화선이 되었다.

1572년 8월 23일 토요일 저녁 왕의 측근들이 모인 비상회의에서 왕 샤를 9세와 왕의 동생이자 앙주의 공작인 앙리(이후 앙리 3세) 그리고 왕의 어머니 카트린 드 메디시스를 비롯한 사람들은 위그노의 지도자들을 죽여야 한다고 결론 내렸다. 왕은 곧바로 도시의 출입문들을 폐쇄한 뒤 센 강의 배들을 사슬로 결박하고 군대를 동원하라고 명령하였다. 이 결정은 미리 계획된 것이라기보다는 모르베르의 암살 시도와 실패로 인해 촉발된 위기에 대처한 반응이었다고 할 수 있다. 왕실 비상회의는 왕의 재가로 인한 군중들의 폭력이 초래할 엄청난 결과를 전혀 예상하지 못했을 가능성이 크다.

생제르맹록스루아Saint-Germain-l'Auxerrois 교회당에서 1572년 8월 24일 주일 새벽 4시경 종소리가 울리면서 학살이 시작되었다. 이틀 전 암살 시도를 피해 겨우 목숨을 구한 콜리니도 이번에는 피하지 못하고 자신의 침실에서 살해당했다. 프랑스의 귀족이자 해군 제독이면서 위그노의 지도자이기도 했던 콜리니의 죽음은 앞으로 위그노에게 닥칠 엄청난 환란의 전조와 같았다. 콜리니의 시체는 창문 밖으로 내던져졌고 군중들은 시신을 훼손해서 파리 거리로 끌고다녔다. 기즈의 수하들과 왕궁 근위대는 위그노 지도자들을 샅샅이 수색해 채 잠에서 깨지도 못한 이들을 살육하였다. 도망가는 자들에게는 뒤에서 화승총을 발포하였다. 로마가톨릭주의자들은 모자에 흰색 십자가 표식을 달고서 모든 위그노를 사냥하기 시작했다. 테오도르 베즈의 말처럼 위그노 신자들은 '도살장의 양처럼' 죽임을 당했다.

일이 예상보다 훨씬 커지고 심각해지자 왕 샤를 9세는 군중들에게 냉정

▲ 루브르 광장 ▼ 노트르담 광장 ◀ 파리 시청 광장 ▶ 에펠 탑

해질 것을 호소했지만, 파리에서의 폭력은 거의 한 주간 계속되었다. 극단적인 로마가톨릭주의자들은 살인과 약탈에 탐닉하였다. 폭도로 변한 군중들은 남자, 여자, 아이를 가리지 않고 위그노를 무차별적으로 공격하였다. 바르톨로뮤 학살의 광기를 피해 제네바로 피신한 위그노 법학자 프랑수아 오트망François Hotman은 이 한 주간에 위그노 사냥이 대중적인 스포츠가 되어버렸다며 한탄하기도 하였다. 루브르 광장, 노트르담 광장, 파리 시청 광장 등 도심 곳곳에서 위그노 학살이 진행되었으며, 군중들이 집어던진 시신들이 파리를 가로지르는 센 강을 피로 붉게 물들이고 떠내려가 지금의 에펠 탑 근처에 쌓여 언덕을 이룰 지경이었다. 성 바르톨로뮤 축일의 대학살로 불리는 이 피의 숙청으로 인해 위그노들은 프랑스가 어쩌면 프로테스탄트 국가가 될 수도 있겠다는 희망을 송두리째 빼앗겼다.

| '피의 학살'이 파리를 넘어 프랑스 전역으로 확산되다 |

폭력은 파리를 넘어 곧 프랑스 전역으로 확대되었다. 오를레앙에서는 8월 26일 학살이 시작되었다. 로마가톨릭 극단주의자들이 도시의 성벽에 프로테스탄트를 모아놓고 살해하였다. 그들은 희생자들을 조롱하면서 '오 하나님, 나를 변호하시며 간사하고 불의한 자에게서 나를 건지소서.'라는 시편 43편 1절을 노래하였다. 오를레앙에서만 단 이틀 만에 1,000여 명의 남녀와 아이들이 죽임을 당했다. 리옹에서는 도시의 공무원들이 8월 29일 위그노를 수도원과 감옥에 모아 보호하고자 하였다. 하지만 이틀 뒤에 군중들이 난입해 그들을 칼로 쳐서 죽이거나 목을 조르거나 물에 빠뜨려 죽이는 등 잔인한 학살이 시작되었다. 목격자들은 론 강이 수천 명의 시신으로 인해 핏빛으로 물들었다고 전한다. 루앙, 소뮈르, 부르주, 모, 보르도, 툴루즈를 포함한 수십 개의 도시에서 8월부터 10월까지 치명적인 폭력이 발생하였다. 이 기간의 공포는 제네바로 보내진 급보에 잘 나타나 있다. “프랑스 전체가 무죄한 사람들의 피에 흥건히 젖었고 시체들로 뒤덮였다. 귀족과 평민, 여자와 어린이의 울부짖음과 신음이 천지에 가득 찼고, 일말의 자비도 없이 수없는 사람들이 학살되었다.”

이런 상황에서 위그노들은 몸을 피해야만 했다. 어떤 이들은 쌍세르Sancerre나 라로셸La Rochelle 같은 위그노의 근거지로 피신하였다. 수천 명의 위그노는 프랑스를 떠나 제네바, 바젤, 스트라스부르, 런던으로 향했다. 피난민들을 통해서 박해자들이 얼마나 잔인했는지, 그리고 그 상황에 맞서 어떻게 목숨과 신앙을 지켜냈는지 기적 같은 이야기들이 각색되어 널리 퍼져갔다. 어떤 어린 소년은 부모의 시신 아래 숨어서 죽은 체하며 몇 시간을 숨죽이고 있었는데, 한 로마가톨릭 신자가 피범벅이 된 소년을 발견하고 자기 집에 숨겨주었다가 피할 수 있도록 도와주었다. 마치 독일인 오스카 쉰들러가 나치의 위협에서 유대인들을 숨겨주고 도와주었던 것처럼 말이다. 콜리니의 채플린이었던 피에르 메를랭Pierre Merlin의 이야기도 극적이다. 콜리니가 죽기 직전 메를랭은 헛간의 건초더미에 3일을 숨어 있었는데, 군인들이 건초더미를 칼로 찔러보기도 했지만 다행히 칼날을 피해 살아남을 수 있었다. 그 후 메를랭과 그의 가족은 어느 귀족 부인의 도움으로 그녀의 마차에 숨어 파리를 빠져나가 목숨을 구할 수 있었다.

| 성 바르톨로뮤 축일의 학살 이후 |

성 바르톨로뮤 축일의 학살 이후 몇 달 동안에 수천 명의 위그노가 자신의 신앙을 포기하였다. 어떤 이들에게 그것은 고문과 죽임의 위협을 피

교황 그레고리우스 13세가 바르톨로뮤 학살 사건을 기념하기 위해 주조한 메달

하기 위한 일시적인 타협이었지만, 또 다른 이들에게는 희망이 없어 보이는 종교적 대의를 포기하는 영원한 결정이었다. 한 목격자는 1572년 9월 말까지 신앙을 포기한 사람이 파리에서만 5,000명이 넘었다고 전한다. 심지어 나바라의 앙리와 같은 위그노 지도자들도 위협에 굴복하여 일시적으로 로마가톨릭으로 개종하였다. 모든 개종이 단지 두려움과 비겁함 때문만은 아니었다. 일부 위그노는 자신들의 곤경에 대한 하나님의 노골적인 무관심에 충격을 받았고, 학살을 자신들에 대한 하나님의 심판으로 간주하였다. 끔찍한 학살은 위그노에게 "왜 하나님이 침묵하시는가?", "하나님이 자신의 교회를 버리셨는가?"와 같은 뼈아픈 질문을 제기하였다. 학살은 1572년 10월 말에 끝났지만, 이와 같은 질문들은 오랫동안 지속되었다.

폭력이 잦아들면서 로마가톨릭과 프로테스탄트 역사가들은 이 피의 계절을 자신들의 방식으로 해석하고자 하였다. 로마와 스페인의 로마가톨릭주의자들은 대학살의 소식을 듣고 기뻐하며 축하하였다. 교황 그레고리우스 13세는 프랑스에서 일어난 학살 소식에 환호하면서 이 '거룩한' 사건을 기념하기 위해 기념 메달을 주조하기까지 하였다. 많은 로마가톨릭주의자들에게 이단들의 죽음은 기적이었고, 11월의 밤하늘에 나타난 신성新星

의 출현은 이것을 확증하는 것 같았다. 반면에 위그노 역사가들은 1572년의 끔찍한 사건을 사탄과 그 하수인들에 대항하여 싸우는 택함 받은 하나님 백성의 이야기로 바꾸었다. "무릇 그리스도 예수 안에서 경건하게 살고자 하는 자는 박해를 받으리라"(딤후 3:12)라는 말씀에서 위그노는 한없는 위로를 받았다. 혹독한 고난과 슬픔에도 불구하고 그루터기와 같이 남은 자는 살아남을 것이며, 결국 하나님의 백성은 신원될 것이라 믿었다.

| 위그노 전쟁의 맥락에서 본 성 바르톨로뮤 축일의 학살 |

16세기 프랑스에서 로마가톨릭과 위그노는 1562년부터 1598년까지 무려 8차례에 걸쳐 무력 충돌을 일으켰다. 성 바르톨로뮤 축일의 학살도 크게 보아 프랑스의 종교전쟁 가운데 하나이다. 프랑스 역사에서 이 사건은 4차 위그노 전쟁으로 불린다. 현대 역사가들은 다소 차이가 있긴 하지만 대체로 위태로운 정치적 전개과정과 이전 10년 동안의 들끓었던 종교적 분노라는 배경 안에서 성 바르톨로뮤 축일의 학살을 이해해야 한다는 데 동의하고 있다. 프랑스에서는 1559년 앙리 2세의 갑작스러운 죽음으로 정치적 위기가 발생하였다. 그의 아들인 프랑수아 2세1559-60, 샤를 9세1560-74, 앙리 3세1574-89가 차례로 왕위를 계승했지만, 그들은 야심 많은 어머니 카트린에게 휘둘렸고, 막강한 귀족 가문들에게 조종당하기 일쑤였다. 프로테스탄트 신앙을 가진 위그노들이 급격히 증가한 것도 프랑스의 정치 상황을 위태롭게 만들었다. 1562년 대략 200만 명의 위그노가 있었고, 1,250개의 개혁교회가 존재했으며, 강력한 박해에도 불구하고 위그노 신자는 계속 성장세에 있었다. 위그노인 장 모렐리Jean Morély는 "프랑스의 모든 도시에 우리 교회들이 있으며, 조만간 개혁교회가 하나라도 없는 곳은 찾아보기 어려울 것"이라며 뽐내었다. 하지만 이런 낙관주의는 1562년 봄에 일어난 1차 종교전쟁으로 산산조각이 났다.

첫 번째 전쟁1562-63은 1562년 3월 1일 기즈의 공작 프랑수아가 작은 마을 바시Wassy의 창고에서 예배드리던 위그노 60여 명을 학살한 직후에 일어났다. 이에 맞서 콩데 공公인 부르봉의 루이는 위그노에게 무장 항전을 역설하였다. 루이는 나바라의 여왕 잔 달브레의 시동생이자 후일 프랑스의 왕이 되는 앙리 4세의 삼촌으로서 초기 위그노의 지도자였다. 루이를 중심으로 위그노는 프랑스의 왕과 로마가톨릭 군대에 대항하여 싸웠지만 역부족이었다. 그러다가 1년 후인 1563년 2월 24일 기즈의 프랑수아가 위그노에게 죽임을 당하자 군사적 교착상태에 빠지게 되면서 전쟁이 끝났다. 양측은 1563년 3월 19일 앙부아즈Amboise 평화조약을 통해 휴전하고 위태로운 공존을 택하였다. 기즈 가문은 복수를 다짐하면서 위그노의 지도자 콜리니를 죽이겠다고 맹세했다. 콜리니가 프랑수아의 살해를 명령했다고

기즈의 공작 프랑수아

콩데 공 루이

의심했기 때문이다. 이 복수의 맹세가 10년 후 성 바르톨로뮤 축일의 학살에서 이루어지게 된다.

두 번째 전쟁1567-68은 샤를 9세가 기즈 가문인 로렌의 추기경에게 휘둘릴 것을 우려한 위그노가 로마가톨릭의 손아귀에서 왕을 떼어내고자 선제적인 행동을 취하기로 결정하면서 일어났다. 콩데 공 루이는 동료인 콜리니의 만류에도 불구하고 1567년 9월 28일 모Meaux 인근에 있던 왕을 납치하려고 시도했다가 실패하고 만다. 이것을 '모의 기습'Surprise of Meaux이라고 부른다. 이 사건이 2차 위그노 전쟁을 불러왔다. 한때 위그노는 남부 프랑스의 일부 도시들을 장악하기도 하였다. 특히 1567년 9월 29일 성 미카엘의 날에 님Nîmes에서는 로마가톨릭 사제들을 포함한 여러 사람이 죽임을 당하기도 했다. 이에 대한 로마가톨릭의 반격도 거셌다. 생드니Saint-Denis에서 1만 6,000여 명의 로마가톨릭 군대가 3,500여 명의 위그노군을 상대로 대승을 거두었지만 로마가톨릭의 지휘관인 몽모랑시Anne de Montmorency도 심각한 부상을 당했다. 결국 양측은 서로의 전열을 가다듬을 시간을 벌기 위해 1568년 3월 23일 롱쥐모Longjumeau 평화조약을 통해 휴전하였다.

롱쥐모 평화조약은 5개월 만에 폐기되었고 3차 위그노 전쟁1568-70으로 이어졌다. 위그노와 로마가톨릭의 갈등은 단지 프랑스만의 문제가 아니었고 16세기 유럽 전체의 문제였다. 스페인의 필리페 2세에게 반기를 든 네덜란드의 프로테스탄트들, 소위 '해상거지'Watergeuzen를 스페인이 잔인하게 진압하자, 프랑스의 위그노들도 네덜란드의 신앙 동지들을 돕기 위해 외국의 동조 세력을 규합하기 시작했다. 로마가톨릭이 스페인의 필리페 2세와 교황과 투스카니 공작의 원조를 받았다면, 위그노는 네덜란드의 오라네 공과 잉글랜드의 엘리자베스와 연합전선을 형성하였다. 프랑스의 위그노는 라로셸을 거점 도시로 하여 로마가톨릭교회에 맞서 푸아투, 생통주,

기엔 등지에서 전투를 벌였다. 로마가톨릭 군대는 1569년 3월 13일 자르낙 전투에서 대승을 거두고 위그노 지도자 콩데 공 루이를 죽였으며, 10월에는 북푸아투에서 위그노 지도자 콜리니 제독에게 치명상을 입히기도 하였다. 그럼에도 불구하고 위그노는 전열을 가다듬고 콜리니를 중심으로 뭉쳐 1570년 6월 아르네이러딕Arnay-le-Duc 전투에서 승리를 거두었다. 또다시 양측은 1570년 8월 8일 생제르맹Saint-Germain 평화조약을 맺고 휴전하였다. 위그노로서는 이를 통해 라로셸, 코냑Cognac, 라샤리떼쉬르루아르La Charité-sur-Loire, 몽토방Montauban 등 네 곳의 근거지를 확보하게 되었다.

생제르맹 평화조약을 통해 전쟁이 끝났지만, 극단적 로마가톨릭주의자들은 위그노에게 지나치게 양보했다고 분노하였다. 언제 어디서 또다시 폭발할지 알 수 없는 상황이었다. 이런 상황에서 위그노인 나바라의 앙리와 로마가톨릭 신자인 프랑스의 마르가리타 사이에 추진되던 정략결혼은 언제 터질지 모르는 뇌관과 같았다. 결국 이 결혼식이 4차 위그노 전쟁1572-73의 도화선이 되었다. 성 바르톨로뮤 축일의 학살에서 시작된 4차 위그노 전쟁으로 위그노들은 자신의 신앙을 버리거나, 망명을 가거나, 목숨을 걸고 저항해야만 했다. 저항을 선택한 사람들은 프랑스 남부의 님과 몽토방, 프랑스 서부의 라로셸에서 왕과 로마가톨릭의 군대와 맞서 싸웠다. 결국 1573년 7월 6일 프랑스 왕 샤를 9세는 불로뉴Boulogne 평화조약을 통해 위그노에게 양심의 자유를 보장하긴 했지만 예배는 라로셸, 님, 몽토방 세 도시에서만 드릴 수 있도록 제한하였다.

이후 5차 위그노 전쟁1574-76은 종교정책과 관련된 쟁점이 갈등의 핵심이었기 때문에 정치개혁을 위한 투쟁의 성격을 띠었지만, 1576년 5월 6일 볼리외Beaulieu 평화조약을 통해 양측은 잠정 휴전하였다. 그러나 볼리외 평화조약은 처음부터 극단적 로마가톨릭주의자들의 반대에 부딪혔고, 위그노에 대해 비판적이던 프랑스 삼부회가 평화조약을 폐기하자 6차 위그노 전쟁1576-77이 발발하였다. 하지만 양측 모두 재정적 압박으로 인해 전쟁을 계속 수행하기 어려워지자 1577년 9월 14일 베르주라크Bergerac 평화조약을 체결하였고, 이것이 10월 푸아티에Poitiers 평화조약으로 확정되었다. 잠시 멈칫하던 무력 충돌이 1579년 지역 차원에서 다시 일어나면서 7차 위그노 전쟁1579-80으로 이어졌다. 라페르La Fère와 카오르Cahors를 비롯한 여러 지역에서 간헐적인 전투가 이어지다가 1580년 11월 26일 플렉스Fleix 평화조약으로 휴전이 이루어졌다.

8차 위그노 전쟁1585-98은 흔히 '세 앙리의 전쟁'이라 일컬어지는데, 철저한 로마가톨릭주의자인 기즈 가문의 앙리, 나바라에서 위그노 교육을 받고 자라난 나바라의 앙리, 그리고 프랑스의 왕 앙리 3세 사이에 숨 막히는 줄다리기가 벌어졌다. 로마가톨릭은 나바라의 앙리가 왕위를 계승하지 못하게 하려고 '거룩한 동맹'Holy Union이라는 결사체를 만들고, 국왕 앙리 3세에게 위그노에게 시민적 관용을 허락하지 못하도록 규정한 느무르Nemours 조약에 서명할 것을 강요하였다. 로마가톨릭 세력이 자신의 왕권을 위협하는 가장 강력한 세력이라고 판단한 앙리 3세는 1588년 12월 3일 기즈의 앙리를 암살하였다. 이에 로마가톨릭의 '거룩한 동맹'의 일원인 도미니크회 수도승 자크 클레망Jacques Clément은 1589년 8월 2일 앙리 3세를 암살하였다. 결국 최후의 승리는 끝까지 살아남은 나바라의 앙리 몫이었다. 이제 나바라의 앙리가 앙리 4세라는 이름으로 프랑스의 왕이 되었다. 하지만 파리는 여전히 로마가톨릭 동맹이 장악하고 있었다. 앙리 4세는 1593년 프로테스탄트 신앙에서 로마가톨릭 신앙으로 개종한 후에야 파리를 손에 넣을 수 있었다. 이제 명실상부 프랑스의 왕이 된 앙리 4세는 1598년 4월 30일 낭트Nantes 칙령을 통해서 36년 동안의 종교전쟁에 종지부를 찍게 된다.

| 위그노 전쟁이 지나간 자리 |

성 바르톨로뮤 축일 학살의 원인에 대해 양측은 서로 자신의 논리를 펼쳐왔다. 위그노 역사가들은 이 사건이 사악한 황후 카트린 드 메디시스의 주도하에 미리 계획된 위그노 박멸작전에 따른 것이라고 주장하며, 이때 죽임을 당한 콜리니를 비롯한 위그노 신자들은 희생자이자 순교자라고 간주하였다. 위그노 저술가인 프랑수아 오트망, 테오도르 베즈, 랑베르 다노 같은 사람들이 쓴 정치적 팸플릿은 위그노의 저항의 정당성을 옹호하거나 격려한다. 그들은 명백한 독재를 행하는 왕들이 '언약'을 파기했기 때문에 하급관료들과 백성들이 저항하는 것은 마땅하다고 주장하였다. 반면에 로마가톨릭 역사가들은 국왕 샤를 9세가 발표한 공식적인 해석을 지지하는데, 이 견해에 따르면 콜리니에 대한 암살 시도로 인해 곧 일어나게 될 위그노의 폭동으로부터 왕위를 지키고자 왕과 의회가 선제적으로 움직인 정당한 공격이었다는 것이다.

혹시라도 '위그노 전쟁'이란 용어 때문에 양측이 대등한 입장에서 상호 전투를 벌인 것으로 오해해서는 결코 안 된다. 로마가톨릭 세력의 일방적이고 억압적인 박해 가운데서 위그노가 생존을 위한 투쟁을 벌인 것으로 이해하는 것이 오히려 더 적절할 것이다. 위그노가 1598년 낭트 칙령을 통해 제한적인 자유를 얻기는 했지만, 그들은 곧 개혁의 전망이 결정적으로 위축되었음을 깨달았다. 이후 위그노는 소수자로서 로마가톨릭 국가인 프랑스 안에서 '십자가 아래에서' 살아가며 힘겹게 자신의 신념을 지켜가야만 했다.

4

라로셸,
위그노 항전의 근거지

| 라로셸, 낭만과 비극의 교차점 |

2016년 4월 필자는 프랑스의 해안도시 라로셸La Rochelle을 방문하였다. 라로셸은 따뜻한 햇살과 넓은 바다가 마음을 푸근하게 만드는 아름다운 도시이다. 대서양이 바라다보이는 카페에 앉아 본 라로셸의 풍광은 유럽의 그 어느 도시보다 깊은 인상을 남겼다. 라로셸에서 제일 먼저 눈에 들어오는 것은 세 개의 탑이다. 도시의 초입에 우뚝 서 있는 세 개의 탑, 그 주변에 모여 있는 배와 요트의 행렬은 라로셸에 낭만을 더해준다. 하지만 그 세 개의 탑은 16세기와 17세기에 벌어진 비극과 참상을 말없이 지켜본 증인이기도 하다. 이처럼 아름답고 포근한 라로셸이 그토록 아픈 역사를 품고 있다는 사실에 가슴이 시려왔다.

라로셸은 프랑스의 서쪽, 대서양과 접해 있는 해안도시이다. 파리에서 약 470km나 떨어져 있기에 일찍부터 중앙의 권력으로부터 정치적·경제적으로 자유를 누리던 도시이다. 또한 지리적으로는 바다를 접하고 있어 외국의 사상과 문물을 쉽게 접하는 장점도 있었다. 따라서 라로셸은 16세기 종교개혁운동이 일어났을 때 기존의 국가종교인 로마가톨릭 신앙과는 다른 새로운 신앙을 받아들이기에 유리한 위치에 있었다. 당시 프랑스에서는 프랑스 출신으로 제네바에서 종교개혁을 지도하던 칼뱅의 영향으로 프로테스탄트 신앙이 확산되고 있었고, 개혁교회의 믿음과 실천을 따르는 위그노가 증가하고 있었다.

| 포트 콜리니에서 라로셸까지 |

위그노의 세력이 확산되자 로마가톨릭 국가였던 프랑스의 박해가 점차 심해졌다. 이에 위그노는 고국에서의 박해를 피해 새로운 땅에 자신들의 신앙공동체를 세워야겠다고 마음먹었다. 그러한 구상은 '포트 콜리니'Fort Coligny의 건설로 구체화되었는데, 브라질 리우데자네이루의 과나바라 만灣에 위그노의 지도자요 후원자인 콜리니Gaspard de Coligny의 이름을 딴 위그노 거류지를 만든다는 구상이었다. 1555년 7월 16일 600여 명의 프랑스 이주민이 빌르가농Nicolas Durand de Villegagnon의 인솔하에 출발하여 4개월에 걸친 위험한 항해 끝에 11월 10일 과나바라 만에 도착하였다.

먼저 빌르가농은 제네바에 목회자 파송을 요구하였다. 이에 따라 제네바의 개혁자 칼뱅은 피에르 리시에Pierre Richier 목사를 포함한 선교단을 조직하여 포트 콜리니로 파송하였고, 이들은 6개월에 걸친 대장정 끝에 1557년 3월 10일 과나바라 만에 도착하였다. 그러나 빌르가농의 태도 변화와 내부의 분열로 인해 리시에 목사를 비롯한 제네바 선교단은 그곳에서 7개월 남짓 머물다가 10월 말에 추방당하고 말았다. 결국 포트 콜리니 계획은 실패로 끝났고, 1559년 프랑스와 스페인 사이에 체결된 카토-캉브레지 조약Peace of Cateau-Cambrésis에 따라 프랑스는 라틴아메리카 대륙에서의 모든 권리를 포기하고 철수하였다. 포트 콜리니를 향한 항해의 여정과 그곳에서 일어난 사건들에 대해서는 당시 선교단의 일원인 평신도 제화공製靴工 장 레리Jean de Léry가 남겨놓은 기록이 우리에게 전해지고 있다.

포트 콜리니에서 돌아온 리시에가 1558년 라로셸에 최초로 세워진 개혁교회의 목회자로 부임하면서 위그노들이 라로셸로 모여들기 시작했다. 리시에는 '라로셸 교회의 아버지'가 되었고, 라로셸은 이제 위그노의 중요한 거점이 되었다. 이후 라로셸은 16세기 위그노의 근거지로서 프로테스탄트의 중심 도시로 자리를 잡았다. 사람들은 이 도시를 '프랑스 프로테스탄트주의의 수도'라고 불렀고, '대서양의 제네바'로 간주하였다.

| 1568-71년, 라로셸의 항전 |

1558년 라로셸에 최초의 개혁교회가 세워진 이후 1560년대에 들어서면서 라로셸은 프로테스탄트 도시로 빠르게 바뀌어갔다. 인구 통계를 살펴보면 위그노 인구가 1562년 4,629명, 1563년 9,343명, 1564년 1만 2,286명으로 가파르게 증가한 것을 볼 수 있다. 당시 라로셸 인구가 2만에서 2만 5,000명인 것을 감안하면 인구의 절반 이상이 위그노였음을 알 수 있다. 위그노 인구가 증가함에 따라 이 도시에서도 로마가톨릭교회와 프로테스탄트 사이에 갈등이 생겨났다. 특히 1562년 프랑스 동북부 지역 바시에서 위그노가 학살당하는 사건이 일어나자, 라로셸의 위그노들은 도심에 있는 로마가톨릭교회에 침입하여 성상들을 파괴하였다. 지금도 생소뵈르 Saint Sauveur 교회와 생바르텔레미 Saint Barthélemy 교회에서 당시 파괴된 성상의 흔적을 확인할 수 있다.

1568년부터 라로셸은 위그노의 중심지가 되었고, 도시는 제네바의 모범을 따르는 독립적인 개혁파 공화국임을 선언하였다. 심지어 라로셸은 침묵공이라고도 불리는 네덜란드의 빌렘 판 오라녜 Willem van Oranje의 프로테스탄트 운동을 후원하고, 스페인에 대항하여 북해 상에서 독립전쟁을 벌이던 네덜란드의 프로테스탄트 무리인 '해상거지' Watergeuzen를 돕기도 하였다. 따라서 로마가톨릭 신앙을 표방하는 프랑스 중앙정부와의 충돌은 불가피했다.

결국 3차 위그노 전쟁 1568-70이 터졌고, 라로셸은 이 전쟁에서 위그노의 중심지로서 주도적인 역할을 하였다. 라로셸이 위그노 전쟁에 적극적으로 개입하게 된 직접적인 계기는 왕의 수비대를 설치하는 문제에서 비롯됐다. 라로셸은 12세기 이래로 자치 도시로서의 권리를 누려왔고, 여러 형태의 세금으로부터도 특혜를 누려왔다. 그런데 갑자기 라로셸에 왕의 군대를 주

둔시킨다는 것은 도시가 누려온 정치적이며 경제적인 특권뿐 아니라 종교적 자유까지도 위협하는 조치였다. 따라서 라로셸의 위그노는 왕과 로마 가톨릭의 군대에 거세게 항의하였으며, 1568년 '등대탑'Tour de la Lanterne에서는 13명의 사제가 살해되기도 하였다.

| 잔 달브레, 라로셸 항전의 지도자 |

위그노 진영에 콩데 공公 루이나 해군 제독 콜리니 같은 남성 지도자들만 있는 것은 아니었다. 당시 위그노에게는 잔 달브레Jeanne d'Albret, 1528-72라는 왕실 여성이 든든한 버팀목이 되어주었다. 잔은 나바라의 왕 앙리 달브레와 프랑스 왕 프랑수아 1세의 누나인 마르가리타의 외동딸로서, 위그노로서는 최고위층 여성이었다. 잔은 자신이 원하지 않는 정략결혼 상대였던 독일 클레베의 빌헬름Wilhelm of Cleves을 끝까지 거부해 교황에게서 공식적으로 결혼 무효선언을 받아낸 당찬 여성이었다. 그녀는 구동Vicomte de Goudon에게 보낸 1555년 8월 22일 편지에서 "제 생각에 종교개혁은 정말로 옳고 필요한 일 같

베아른과 나바라의 여왕 잔 달브레 잔 달브레 박물관의 주소는 37 Rue Bourg-Vieux, 64300 Orthez, France, 홈페이지는 museejeannedalbret.com, 연락처는 33-5-5969-1403이다.

아서, 제가 계속해서 어정쩡하게 머뭇거리고 있는 것은 하나님께 충성스러운 일이 못 되고 비겁한 일이며, 제 양심에도, 제 백성들에게도 그럴 것이라고 생각합니다."라고 밝혔다. 마침내 잔은 1560년 성탄절 주간에 자신이 프로테스탄트 신자임을 공개적으로 고백하면서, 빵과 더불어 포도주도 받는 프로테스탄트 성만찬에 참여하였다. 제네바의 종교개혁자 칼뱅은 잔과 여러 차례 편지를 주고받았고, 1561년에는 두 사람이 직접 만나기도 하였다. 자신을 칼뱅주의자로 선언한 이후 잔은 위그노 진영의 지도자가 되었고, 이 역할은 그녀가 라로셸에 머물며 3차 위그노 전쟁을 이끌던 1568-71년 동안 정점에 달하였다.

종교개혁자로서 잔의 주된 업적은 자신의 공국인 베아른(Béarn, 현재 포 Pau를 중심으로 하는 프랑스의 남서쪽 피레네 산맥 근처가 과거 베아른 공국이었다.)에서 1563년부터 1571년까지 단계적으로 종교개혁을 완수했다는 것이다. 잔은 법령을 반포하는 등 입법과 제도의 개혁을 통해 도시 전체를 프로테스탄트 도시로 바꾸었다. 제도적 변화를 통해 교회와 사회의 개혁을 이루고자 했던 잔의 사상과 영향력은 포 지역의 『교회법령』과 라로셸의 『교회치리서』에 잘 나타나 있다. 또한 잔은 1568년부터 1571년까지 3년 동안 라로셸에 머물면서 3차 위그노 전쟁에 참여하였다. 그녀는 프로테스탄트 종교개혁의 정당성을 제시하는 이론가로서, 잉글랜드의 엘리자베스를 비롯한 외국 군주들의 원조를 이끌어내는 외교관으로서, 위그노의 군사행정과 재정을 담당하는 행정가로서, 1569년 콩데 공이 사망했을 때에는 감동적인 연설로 위그노를 결집시킨 지휘관으로서, 전쟁을 끝내기 위한 협상에서는 유리한 결정을 이끌어내는 협상가로서 자신의 역할을 수행하였다. 1571년에는 라로셸에서 제7차 프랑스 개혁교회 대회가 소집되었는데, 여기서는 1559년 제1차 프랑스 개혁교회 대회가 채택한 '프랑스 신앙고백'을 재확인하고 수정, 확정하였다. 그래서 프랑스 신앙고백은 이후 '라로셸 신앙고백'이라고도 불리게 되었다.

1572년 6월 9일 잔 달브레가 44세의 나이로 죽었을 때, 교황 대사는 "하나님께서 어머니 교회의 주적을 잡아가셔서 이 죽음이 로마가톨릭 교인들 모두에게 기쁨이 되고 있습니다."라고 말했다. 잔은 로마교회에게는 주적이었지만, 프로테스탄트에게는 희망이었다. 그녀의 죽음은 로마교회에게는 큰 기쁨이었지만, 위그노에게는 큰 슬픔이자 상실이었다. 잔이 죽고

• 잔 달브레의 생애 •

1528. 11. 16.	아버지 앙리 달브레와 어머니 마르가리타 당굴렘 사이에서 출생
1541. 6. 4.	클레베의 공작 빌헬름(Wilhelm of Cleves)과 결혼하지만 1545년 결혼 무효 결정을 얻어냄
1548. 10. 20.	부르봉의 앙투안(Antoine de Bourbon)과 결혼
1549. 12. 21.	어머니 마르가리타 당굴렘 사망
1553. 12. 13.	아들 앙리 출생(후일 앙리 4세)
1555. 5. 25.	아버지 앙리 달브레 사망
8. 15.	포(Pau)에서 나바라 여왕으로 대관식을 가짐
1559. 2. 7.	딸 카트린 출생
1560. 12. 20.	프로테스탄트 신앙을 공개적으로 고백
1561. 9-10월	푸아시 회담 참석
1562. 3. 22.	남편 앙투안의 신앙 변절
1563. 9. 28.	로마가톨릭으로부터 파문
1568. 9. 28.	라로셸에 도착하여 위그노의 구심점이 됨
1570. 8. 5.	생제르맹앙레 평화조약으로 3차 위그노 전쟁 종결
1572. 5. 16.	파리에서 아들 앙리와 카트린 드 메디시스의 딸 마르가리타 결혼
6. 9.	44세의 나이로 사망

두 달 후 그녀의 아들인 앙리의 결혼식 때 벌어진 '성 바르톨로뮤 축일의 학살'을 겪지 않고 죽은 것은 개인적으로는 다행스러운 일이다. 하지만 잔이 살아 있었더라면 어쩌면 그 비극이 일어나지 않았을지도 모른다. 프랑스 남부도시 오르테즈Orthez에 있는 잔 달브레 박물관Musée Jeanne d'Albret을 방문하면 그녀의 흔적과 유산을 만날 수 있다. 또한 잔을 포함한 16세기 여성들의 이야기는 키르시 스티에르나Kirsi Stjerna의 『여성과 종교개혁』(서울: 대한기독교서회, 2013)에 소개되어 있다.

| 1627-28년, 라로셸의 함락 |

앙리 4세의 낭트 칙령1598을 통해 로마가톨릭과 프로테스탄트는 불안하긴 하지만 서로를 묵인하며 공존하는 길을 찾았다. 하지만 1610년 앙리 4세의 죽음 이후로 점차 이 위태로운 공존에 금이 가기 시작했다. 라로셸에서는 1614년 8월 위그노를 중심으로 한 부르주아 계층의 반란이 일

로앙의 공작 앙리

수비즈의 공작 뱅자맹

어나 도시의 자치권을 주장하며 중앙정부와 왕의 간섭에서 벗어나려고 하였다. 프랑스의 국왕 루이 13세는 위그노들이 자신들을 '국가 안의 국가'로 인식하는 것이 국가 통합에 걸림돌이 된다고 여겼다. 그리하여 루이 13세는 1620년 먼저 남부 위그노의 거점인 베아른을 점령한 이후 라로셸을 향해 진격하였다. 1621년에는 라로셸에서 멀지 않은 곳으로 수비즈 공작인 로앙의 뱅자맹Benjamin de Rohan이 다스리던 생장당젤리Saint-Jean-d'Angély를 함락시키고 도시 이름까지도 루이 시Bourg Louis로 바꾸어 버렸다. 라로셸은 로앙의 앙리Henri de Rohan의 지도 아래 왕의 군대에 맞서 싸웠지만 패배하였고, 1622년 10월 18일 몽펠리에 평화조약Peace of Montpellier에 서명할 수밖에 없었다. 이것이 라로셸의 1차 항거1621-22였다. 1625년 로앙의 앙리와 뱅자맹 형제가 라로셸에서 2차 위그노의 저항을 이끌었지만 별다른 성과 없이 1626년 2월 5일 파리 평화협정Treaty of Paris으로 휴전하였다.

마지막 3차 위그노의 항거1627-28에서 위그노는 잉글랜드와 합세하여 프랑스 왕의 군대와 싸웠으나 결국 실패하고 말았다. 1627년 버킹엄Buckingham 공작이 이끄는 잉글랜드 함대가 라로셸 앞바다의 생마르탱드레Saint-Martin-de-Ré 섬에 상륙했다. 잉글랜드는 종교적 이유 외에도 소금을 포함한 경제적 이유와 해상권 장악이라는 정치적 이유 때문에 이 싸움에 개입하였다. 그러나 1627년 3월 스페인과 프랑스 사이에 평화조약이 체결되자, 프랑스군은 본격적으로 라로셸을 포위하고 공격하기 시작했다. 라로셸은 장 기통Jean Guiton의 지휘 하에 1627년 8월부터 1628년 10월까지 14개월 동안 저항했지만 결국 재상 리슐리외Cardinal Richelieu가 이끄는 군대에 함락되고 말았다. 이 포위공격으로 라로셸은 인구가 2만 7,000명에서 5,000명으로 줄어들 정도로 혹독한 대가를 치렀다. 굶주림과 질병으로 죽은 사람들이 그야말로 부지기수였다. 결국 1628년 10월 28일 라로셸의 위그노는 루이 13세에게 항복하였다. 라로셸의 함락은 알렉상드르 뒤마의

◀ 라로셸 시청 앞에 있는 장 기통의 동상
▶ 재상 리슐리외

작품인 『삼총사』의 배경이 되기도 했다.

1620년대 세 차례의 포위공격 끝에 라로셸이 무너지자 프랑스의 위그노는 거의 와해되었다. 프랑스 전역에 로마가톨릭의 미사가 복원되고, 위그노는 그들의 영토와 권리를 상실하였다. 그 후 종교적 억압이 점차 심해졌고, 결국 1685년 루이 14세에 의해 낭트 칙령도 폐지되었다. 16세기 프랑스 국민의 10%에 달하던 위그노는 낭트 칙령이 폐지될 무렵에는 2%에 불과하였다. 이에 많은 위그노들이 다른 나라로 피신할 수밖에 없었고, 그곳에서 자신들만의 위그노 공동체를 건설하였다. 현재 미국 뉴욕 주의 도시 뉴로셸New Rochelle은 1688년 라로셸에서 이주한 위그노 33가정이 처음으로 정착하여 세운 도시이다.

| 라로셸에서 아픈 역사와 만나다 |

라로셸에 도착한 방문객들을 제일 먼저 맞이하는 것은 도시 초입에 우뚝 솟은 세 개의 탑이다. 제일 왼쪽에 보이는 42m 높이의 성 니콜라스 탑Tour Saint-Nicolas은 언제 세워졌는지 정확히 알 수는 없지만, 1374년 문서에

1 성 니콜라스 탑(Tour Saint-Nicolas)
2 사슬탑(Tour de la Chaîne)
3 등대탑(Tour de la Lanterne)
4 생소뵈르 교회(Église Saint Sauveur Church)
5 생루이 대성당(Cathédrale Saint-Louis de La Rochelle)
6 베르됭 광장(Place de Verdun)
7 프로테스탄트 교회(Temple protestant de l'Eglise unie de France)
8 라로셸 프로테스탄트 박물관(Musee Protestant de La Rochelle)
9 라로셸 시청(Hôtel de Ville de La Rochelle)

라로셸의 세 개의 탑 성 니콜라스 탑, 사슬탑, 등대탑의 모습이 보인다.

이 탑이 언급되고 있으므로 적어도 그 이전에 건축되었음을 알 수 있다.

중간에 있는 사슬탑Tour de la Chaîne은 문서상으로는 1337년 처음 언급되고 있다. 16세기 위그노 전쟁 때에는 콜리니 제독의 형제인 앙드롯Andelot과 로앙의 르네René de Rohan 같은 위그노 지도자들의 시신이 이 탑에 놓이기도 했기 때문에 위그노에게는 성지와 같았다.

오른쪽에 보이는 높이 70m의 등대탑Tour de la Lanterne은 1445-68년에 건축되어 등대이자 감옥으로 사용되었는데, 3차 위그노 전쟁 시기인 1568년 13명의 사제가 이곳에서 살해되어 바다로 던져졌기 때문에 사제들의 탑Tour des Prêtres이라고도 불린다. 또 1822년 프랑스에 항거한 이탈리아의 민족주의 결사체인 '카르보나리당' 소속 병사 4명이 이 탑에 감금되었다가 처형되었기 때문에 네 병사의 탑Tour des Quatre Sergents이라고도 불린다.

시청 근처에 있는 생소뵈르Saint Sauveur 교회당은 12세기에 처음 로마네

▲ 생소뵈르 교회당
▼ 생소뵈르 교회당의 성상 파괴 흔적

스크 양식으로 세워졌다가 나중에 고딕 양식으로 재건축되었지만, 위그노 전쟁이 한창이던 1568년에 무너졌다. 지금까지 남아 있는 그 시기의 건물 유적은 종탑뿐이다. 17세기에 세 번째로 교회를 건축하였지만 1705년 화재로 정면만 보존되었다. 현재의 교회는 1718년 재건된 것으로 오랫동안 선원들의 교구 교회 역할을 해왔다. 교회의 정면에는 과거 성상 파괴의 흔적이 아직도 그대로 남아 있다.

베르툉 광장에 서 있는 생루이Saint Louis 대성당은 1628년 말 라로셸 포위공격에서 승리한 로마가톨릭교회가 새롭게 세운 상징적 건물이다. 원래 이 대성당 바로 뒤에 생바르텔레미Saint Barthélemy 성당이 있었는데 이곳은 매년 부활절 다음 주일에 새로운 시장을 선출하는 장소이기도 했다. 하지만 1568년 위그노 전쟁 와중에 파괴되었고, 현재는 종탑만 남아 있다. 1603년경에는 라로셸을 주도하던 위그노들이 이곳 베르툉 광장에 프로테스탄트 교회당Grand Temple을 세웠다. 하지만 1628년 위그노의 요새 라로셸을 함락시킨 로마가톨릭교회가 이 프로테스탄트 교회당을 대성당으로 사용했고, 이후 1687년에 화재로 이 교회당이 무너지자 그 자리에 새로운 대성당을 건축하기로 하였다. 원래 자크 가브리엘Jcques Gabriel이 건축을 계획하

생루이 대성당

17세기 프로테스탄트 교회당이 있던 베르됭 광장의 현재 모습

였지만, 그의 아들인 앙제Jacques Ange가 1742년에 건축하기 시작하여 1784년에야 봉헌하였다. 그렇지만 실제 생루이 대성당La Cathédrale Saint Louis 건축이 완결된 것은 1862년에 이르러서다. 로마가톨릭교회로서는 라로셸을 점령한 후 프로테스탄트 교회당이 있던 자리에 새로운 대성당을 세움으로써 이제 이 도시가 자신들에게 속했음을 과시하고 싶었을 것이다.

16세기와 17세기 라로셸은 '프랑스 프로테스탄트주의의 수도'로서 위그노의 은신처요 근거지였지만, 현재 이곳의 프로테스탄트 신자들은 매우 적은 형편이다. 그렇지만 그들은 지금도 매 주일 프로테스탄트 교회당에 모여 예배를 드리고 있다. 현재의 프로테스탄트 교회당Protestant Temple은 본래 로마가톨릭의 프란체스코회 원시회칙原始會則파 수도회 건물이었으나, 1563년 최초로 개혁교회에 속한 위그노들이 모여 예배하는 공간으로 허락을 받은 장소였다. 1691년에 새로 건축되었으나 정면 부분만 남고 화재로 타버렸으며, 1705년에 재건되었다. 프랑스 혁명 이후 1793년 프로테스탄트들이 이 교회당을 매입하여 지금에 이르고 있다. 오늘날 라로셸의 프로

◀ **현재 프로테스탄트 교회당**
▶ **프로테스탄트 교회당의 내부** 주일 10시 30분에 예배를 드린다. 주소는 2 rue Saint-Michel 17000, La Rochelle이다.

테스탄트 신자들은 450여 년 전 자신들의 신앙 선조들이 처음 모였던 바로 그 자리에서 예배하며 자신들의 역사와 신앙을 이어가고 있다.

이 교회 외부의 정면은 1691년에 건축된 것으로 전형적인 로마가톨릭교회의 모습을 띠고 있으며, 내부는 길이 40m, 너비 20m의 직사각형 구조로 앞쪽에 설교단과 성찬대가 자리하고 있다.

프로테스탄트 교회당 옆에 위그노의 역사를 돌아볼 수 있는 자그마한 규모의 라로셸 프로테스탄트 박물관Musée Protestant La Rochelle이 있다. 필자가 방문한 주일은 원래 박물관을 개방하지 않는 날인데 멀리 대한민국에서 찾아온 개혁교회 목사를 위해 기꺼이 문을 열고 오랜 시간 설명해준 연세 많은 목사님을 잊을 수가 없다. 그의 열정에 찬 설명에서 위그노로서의 자부심이 그대로 묻어났다.

| 라로셸, 가슴으로 기억해야 할 위그노의 성지 |

1558년 처음으로 프로테스탄트 개혁교회가 설립된 이후 위그노의 수가 급증하면서 라로셸은 프로테스탄트 신앙의 중심지가 되었다. 1568년 3차 위그노 전쟁 때부터 라로셸은 위그노의 거점 도시로서, 왕의 권력으로부터 독립성을 지닌 자유도시로서의 위상을 갖게 되었다. 그때부터 1627-28년

◀ 박물관에서 만난 열정의 위그노 후예와 함께

▼ 라로셸 프로테스탄트 박물관 내부
주소는 2 rue Saint-Michel 17000 La Rochelle 연락처는 33-05-46-50-88-03, 이메일은 mr-hp@organge.fr이다.

프랑스 왕의 군대의 대대적인 포위공격으로 인해 도시가 함락되기까지 60년 동안 라로셸은 위그노들에게 지켜야 할 터전이었고 돌아갈 고향과 같은 곳이었다.

필자가 방문한 라로셸이 너무도 평화롭고 여유로웠기에 16세기와 17세기 이곳에서 일어난 비극적인 역사가 더 가슴 아프게 다가왔다. 그런 점에서 라로셸은 필자에게 현재의 평화로움과 과거의 아픔이라는 이중적인 인상을 남긴 도시이다. 위그노의 역사와 영성, 신앙에 관심을 가진 사람이라면 누구든지 한번은 아름다운 이곳을 방문하여 가슴 시린 역사의 숨결을 느껴보기를 권한다.

5

광야박물관에서 카미자르를 만나다

프로테스탄트 박물관이 있는 장소

| 프랑스 위그노의 성지, 광야박물관 |

프랑스 남쪽 랑그독 주의 산악지역 쎄벤느Cévennes 국립공원에 가면 광야박물관Musée du Désert이라 불리는 위그노 박물관이 있다. 산속에 있어서 찾아가려면 수고가 필요하다. 이 근방은 산악지역인 데다가 수도인 파리에서 멀리 떨어져 있어 쫓기는 무리가 머물 수 있는 적절한 공간이었다. 중세 시대에는 카타르파와 발도파가 이곳에 몸을 숨겼고, 이후 위그노에게도 남부의 산악지대는 최적의 은신처였다.

16세기 종교개혁 시기 프랑스의 위그노들은 1562년부터 1598년까지 36년 동안 소위 '위그노 전쟁'이라 불리는 종교전쟁을 겪었다. 1598년 앙리 4세의 낭트 칙령으로 제한적인 예배의 자유를 누렸지만 암묵적인 위협과 박해는 계속되었다. 루이 14세가 즉위하면서 상황은 더욱 악화되었다. 그는 1661년 친정체제를 선포하면서부터 "하나의 왕, 하나의 신앙, 하나

랑그독 주의 쎄벤느 산악지역

의 법"un roi, une foi, une loi이라는 이념을 전면에 내세우며 절대왕권의 강화를 주도하기 시작했다. 때문에 전통적인 로마가톨릭 국가인 프랑스에 다른 신앙을 용인할 수가 없었다. 1661-85년 프로테스탄트의 뿌리를 뽑기 위해 300여 개의 칙령이 발표되었고, 랑그독에서만 135개, 푸아투에서 30개의 예배 처소가 파괴되었으며, 전국적으로는 587개 예배당이 폐쇄되었다. 1681년부터는 프랑스의 용기병龍騎兵, dragonnades에 의한 강제 개종도 이루어졌다. 마침내 1685년에 이르러 루이 14세는 퐁텐블로 칙령을 통해 기존의 낭트 칙령을 철폐하고, 법률적으로 프로테스탄트 신앙을 불법으로 규정하였다. 이로써 프랑스의 프로테스탄트는 모든 법적·시민적 지위를 박탈당했다. 이때부터 루이 16세에 의해 관용령이 선포되는 1787년까지를 프랑스 교회사에서 '광야시대'Temps du Désert, 1685-1787라고 부른다. 광야의 고난과 고통을 감내해야만 했던 시기이다. 광야박물관은 바로 이 광야시대 위그노가 자신들의 신앙을 지키기 위해 어떻게 저항하며 투쟁했는지를 생

광야박물관 주소는 Le Mas Soubeyran, 30140 Mialet, France, 매일 9시 30분-12시, 14-18시에 개방한다.

용기병에 의한 강제적 개종

생하게 보여주는 장소이다. 지금 광야박물관에 가면 로마가톨릭 국가였던 프랑스의 강력한 박해 속에서도 자신들의 신앙을 끝까지 지켜낸 위그노를 만날 수 있다. 이곳은 위그노에게 성지와 같다.

| 광야박물관에서 카미자르를 만나다 |

광야시대는 암울했다. 모든 프로테스탄트는 철저히 공직에서 배제되었고, 재산은 빼앗겼고, 예배당은 무너졌고, 학교는 폐교되었다. 수십만 명이 고국을 떠나 피난길에 올랐고, 수백 명의 설교자가 처형을 당했으며, 수천 명이 노예선의 희생자가 되었다. 개종을 하거나 피신을 하는 대신 저항을 택한 사람들은 무장하기 시작하여 하나님의 군대 Camp de l'Eternel를 조직하였다. 이 쎄벤느의 위그노 전사들을 '카미자르'camisards라고 부른다. 카미자르는 자신들이 곧 하나님의 군대라고 믿었기 때문에 전쟁에 나갈 때마다 무릎을 꿇고 기도하였고, 시편 68편 1절 "하나님이 일어나시니 원수들은 흩어지며 주를 미워하는 자들은 주 앞에서 도망하리이다"를 노래하면서 전투에 임하였다.

광야박물관의 표지판 롤랑이라 불린 카미자르의 지도자 피에르 라포르트의 집을 매입하여 세웠음을 알리고 있다.

그들을 카미자르라고 부르게 된 데에는 몇 가지 이유가 있다. 첫째로, 쎄벤느 위그노가 무기를 숨길 수도 있는 긴 소매의 흰색 셔츠 '카미자' camisa를 입었다고 하여 붙여진 것이다. 둘째로, 카미자르는 '우상을 불태우는 자'라는 뜻을 지니고 있는데 위그노들이 성상에 대해 부정적이고 파괴적이라는 점에서 의미상 통한다. 셋째로, 카미자르라는 이름은 '밤에 이루어지는 기습공격'camisade에서 비롯되었는데 이들이 주로 왕의 군대 및 로마가톨릭 요새를 한밤중에 습격한 데서 붙여졌다. 따라서 카미자르는 흰색 셔츠인 카미자를 입고 로마교회의 성상을 파괴하거나 기습적 게릴라전술로 공격하는 쎄벤느의 위그노를 의미하는 것이다. 광야박물관은 일명 롤랑 Rolland이라 불리던 카미자르의 지도자 피에르 라포르트Pierre Laporte의 집을 '프랑스 프로테스탄트 역사협회'가 매입하여 1911년에 설립한 위그노 박물관이다. 따라서 광야박물관은 카미자르의 본거지였던 셈이다.

초기의 카미자르운동은 다분히 예언운동과 결부되었다. 1702년 7월 23일 일요일 밤, 예언자 중 가장 연장자인 45세의 피에르 세귀에Pierre Séguier가 카미자르 최초의 지도자가 되었다. 소위 '영적인 사람 세귀에'Spirit Séguier라 불리던 그는 이제 하나님의 이름으로 무장할 때가 되었다고 선언하였다. 세귀에와 카미자르 동지들은 쎄벤느 지역에서 개종사업을 담당하던 악명 높은 종교재판관 샤일라Chayla의 수도원장 프랑수아 랑라드François Langlade에 대한 복수를 결의하였다. 프랑수아를 악마의 화신이라 간주한 카미자르 결사대 50명은 퐁드몽베르Pont-de-Montvert의 산 위에 모여 결의를 다진 후 그를 추적하여 살해했다. 이 이야기는 결사대의 일원이던 아브라함 마젤Abraham Mazel이 상세하게 전해주고 있다.

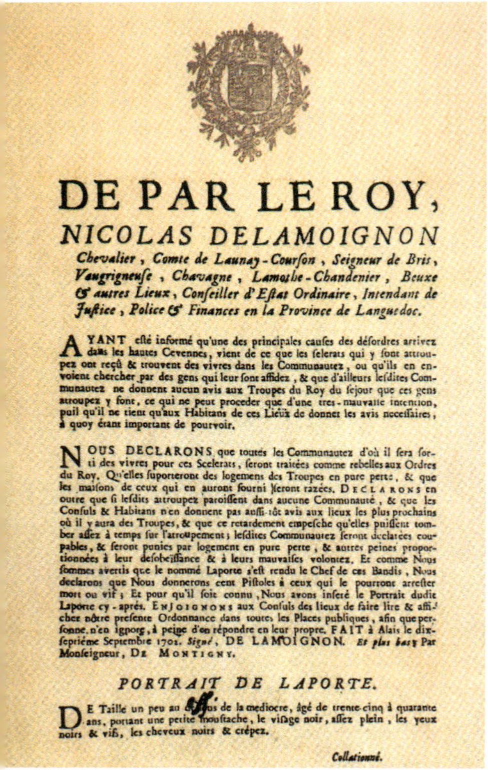
DE PAR LE ROY,

NICOLAS DELAMOIGNON

Chevalier, Comte de Launay-Courſon, Seigneur de Bris, Vaugrigneuſe, Chavagne, Lamothe-Chandenier, Beuxe & autres Lieux, Conſeiller d'Eſtat Ordinaire, Intendant de Juſtice, Police & Finances en la Province de Languedoc.

AYANT eſté informé qu'une des principales cauſes des déſordres arrivez dans les hautes Cevennes, vient de ce que les ſelerats qui y ſont attroupez ont reçû & trouvent des vivres dans les Communautez, ou qu'ils en envoient chercher par des gens qui leur ſont affidez, & que d'ailleurs leſdites Communautez ne donnent aucun avis aux Troupes du Roy du ſejour que ces gens attroupez y font, ce qui ne peut proceder que d'une tres-mauvaiſe intention, puis qu'il ne tient qu'aux Habitans de ces Lieux de donner les avis neceſſaires, à quoy étant important de pourvoir.

NOUS DECLARONS que toutes les Communautez d'où il ſera ſorti des vivres pour ces Scelerats, ſeront traitées comme rebelles aux Ordres du Roy. Qu'elles ſuporteront des logemens des Troupes en pure perte, & que les maiſons de ceux qui en auront fourni ſeront razées. DECLARONS en outre que ſi leſdits attroupez paroiſſent dans aucune Communauté, & que les Conſuls & Habitans n'en donnent pas auſſi-tôt avis aux lieux les plus prochains où il y aura des Troupes, & que ce retardement empeſche qu'elles puiſſent tomber aſſez à temps ſur l'attroupement; leſdites Communautez ſeront declarées coupables, & ſeront punies par logement en pure perte, & autres peines proportionnées à leur deſobeïſſance & à leurs mauvaiſes volontez. Et comme Nous ſommes avertis que le nommé Laporte s'eſt rendu le Chef de ces Bandis, Nous declarons que Nous donnerons cent Piſtoles à ceux qui le pourront arreſter mort ou vif; Et pour qu'il ſoit connu, Nous avons inſeré le Portrait dudit Laporte cy-aprés. ENJOIGNONS aux Conſuls des lieux de faire lire & afficher nôtre preſente Ordonnance dans toutes les Places publiques, afin que perſonne n'en ignore, à peine d'en répondre en leur propre. FAIT à Alais le dix-ſeptiéme Septembre 1702. *Signé*, DE LAMOIGNON. *Et plus bas*, Par Monſeigneur, DE MONTIGNY.

PORTRAIT DE LAPORTE.

DE Taille un peu au deſſus de la mediocre, âgé de trente-cinq à quarante ans, portant une petite mouſtache, le viſage noir, aſſez plein, les yeux noirs & viſs, les cheveux noirs & crêpez.

Collationné.

기드온 라포르트 체포를 위한 게시문(1702년 9월)

피에르 세귀에가 체포되어 1702년 8월 12일 처형당한 후 대장장이 기드온 라포르트Gédéon Laporte가 새로운 지도자로 선택되었다. 그는 "우리가 예배당과 목회자도 없이, 예배할 자유도 없이 사느니 총과 함께 죽는 것이 낫다. 박해자의 손에 죽느니 영광 가운데 죽는 것이 낫다."라고 주장하였고,

스스로 자신이 "하나님의 자녀들의 대장"General of the Children of God임을 선언하였다. 하지만 그도 1702년 10월 22일 작은 전투에서 전사하였다.

이후 여러 지도자가 나타나 카미자르를 이끌게 되는데 그중 가장 널리 알려진 인물이 장 카발리에Jean Cavalier이다. 1681년 11월 28일 앙뒤즈Anduze에서 8km 정도 떨어진 리보테 레 타베르네Ribauté-les-Tavernes에서 태어난 카발리에는, 랑그독의 지사였던 바빌Bâville에 따르면 "상스러운 시골뜨기 농부이긴 하지만 영적이고 결단력이 있는 사람"이었다. 카발리에는 1702년 초에 제네바를 방문하여 칼뱅주의 가르침을 받았고, 피에몬테 지역의 발도파와도 접촉하였다. 프랑스로 돌아온 후 그가 제일 먼저 한 일은 쎄벤느의 예언자이자 설교자인 프랑수아 브방François Vevent을 살해한 주르당Jourdan이라는 퇴역군인을 수색하여 죽인 것이다. 1703년 1월 11일에는 기드온 라포르트의 죽음과 연관된 군인인 풀Poul을 추적하여 죽이기도 했다.

흰 말을 타고 있는 카미자르의 지도자 장 카발리에

당시 군대 보고서에 따르면 카미자르 군대는 쎄벤느 남쪽으로 카발리에가 이끄는 600-700명과 롤랑이 이끄는 200여 명이 있었고, 서쪽으로는 카스타네Henri Castanet가 이끄는 200여 명이 에구알Aigoual 산 주위에 있었고, 동쪽으로 아브라함 마젤과 니콜라스 조안니Nicolas Joanny가 이끄는 200여 명이, 북쪽으로는 '솔로몬'으로 알려진 자크 쿠데르Jacques Couderc가 이끄는 소규모의 무리가 있었다. 이에 대응하여 랑그독의 지사 바빌은 1703년 가을에 쎄벤느 지역 초토화 작전을 펼쳤다. 기록에 따르면 1만 3,300가구가 파괴되었고, 수백 명의 사람이 체포되거나 처형되었다. 쎄벤느 지역의 마을 이름 자체가 고난의 역사를 말해주는데, 예를 들면 Clerguemort(Clerc+mort=priest killed), Fontmort(Enfant+mort=dead child)와 같은 이름이 그렇다. 결국 1704년 5월 16일 카발리에는 마샬 빌라르Marshal Villars와의 조건부 '평화협정'에 서명하였다. 카발리에는 평화협상의 조건으로 양심의 자유, 수감자들의 석방, 고향으로 돌아갈 자유를 내걸었다. 물론 약속은 지켜지지 않았다. 카발리에는 동료들과 함께 스위스로 망명했다가 잉글랜드로 건너가 1740년 5월 17일에 첼시Chelsea에서 숨졌다.

카미자르의 또 다른 지도자 피에르 라포르트Pierre Laporte는 보통 롤랑Rolland이라는 별칭으로 불린다. 그는 기드온 라포르트의 조카이기도 하지

롤랑이 읽던 성경

만 스스로의 힘으로 카미자르의 지도자가 된 인물이다. 카발리에의 평화 협정에도 불구하고 롤랑은 계속 투쟁하는 길을 택했다. 카발리에는 속았고, 롤랑을 비롯한 다른 지도자들은 죽임을 당했다. 결과적으로 카발리에가 아니라 롤랑이 카미자르 지도자 중 가장 존경받는 인물이 되었다. 롤랑은 죽기 며칠 전 제네바로 피신하라는 사람들의 제안을 거절했다. "내가 마지막 숨을 거두기까지 지키고자 하는 목표는 다름 아닌 나의 신앙과 나의 조국이다." 1704년 8월 14일 왕군의 총격으로 사망한 롤랑의 시신은 님으로 옮겨져 거리를 끌려다니다가 공개적으로 불태워졌다. 그가 살던 집이 지금의 광야박물관이 되었고, 거기서 우리는 롤랑이 애독하던 성서 등의 유품을 볼 수 있다.

카미자르의 영웅적인 저항은 1702년에 시작되어 1704년에 끝이 났다. 루이 14세는 카발리에가 항복한 직후인 1704년 6월 카미자르 반란이 종결되었음을 공식적으로 선언하였지만, 산발적인 전투는 1710년까지 계속되었다. 1715년 루이 14세는 세상을 떠나면서 이제 카미자르가 완전히 사라졌다고 생각했겠지만, 카미자르 저항의 불씨가 완전히 꺼진 것은 아니었다. 1715년 앙투안 쿠르를 중심으로 '십자가 아래의 교회'Church under the Cross로 일컬어지는 새로운 시대가 열린다.

| 프랑스 프로테스탄트 교회의 회복자, 앙투안 쿠르 |

앙투안 쿠르Antoine Court는 거의 파괴된 프랑스 위그노를 새롭게 건설한 '광야의 목회자'이다. 그는 광야박물관에서 동북쪽으로 86km 떨어진 작은 마을 빌르뇌브-드-베르그Villeneuve-de-Berg in the Vivarais에서 1695년 3월 27일에 태어났고, 로잔에서 1760년 6월 12일에 죽었다. 비록 낭트 칙령의 폐지로 인해 로마가톨릭교회에서 세례를 받긴 했지만, 아버지 장Jean Court과 어머니 마리Marie Gébelin는 프로테스탄트였다.

앙투안은 초등학교 이상 다니지 못했지만 이른 시기부터 미사 참여를 거부하고 친구들에게 '칼뱅의 맏아들'이라 불릴 정도로 신앙이 깊었다. 15세에 동굴Pont d'Arc의 비밀회합에서 성서봉독자로 임명되었고, 17세에 설교자가 되었다. 앙투안은 툴루즈의 변호사 출신으로 몽펠리에에서 순교한 광야설교자 클로드 브루송Claude Brousson, 1647-98의 영향을 깊이 받았다. 앙투안은 "다른 어떤 사람도 그처럼 나를 전율하게 만든 이는 없다."라고 고백했다. 18세가 되던 1713년, 앙투안은 자신의 어머니에게 "어머니, 마지막 설교자들이 죽거나 추방을 당했으니 누군가 새로 복음전도자가 되지 않으면 프로테스탄트 교회는 사라질 수밖에 없습니다. 하나님의 도움으로 제가 그런 사람 중 한 사람이 되겠습니다."라고 말했다. 어머니는 말렸지만 그는 어머니에게 "누구든지 자기 부모를 나보다 더 사랑하는 자는 나에게 합당치 않다."라는 성서 말씀을 읽어주었다. 앙투안은 전형적인 광야 정신의 산물이었다.

루이 14세가 죽어가던 1715년에 프랑스의 프로테스탄트는 완전히 소멸된 것처럼 보였다. 그러나 광야박물관에서 남쪽으로 20km 지점에 위치한 몽테즈Les Montèzes 마을 헛간에 다음과 같은 명패가 붙어 있다. "1715년 8월 21일 앙투안 쿠르가 몽테즈에서 첫 번째 광야대회를 소집하여 개최하였다." 20세의 청년 설교자였던 앙투안은 개혁교회가 이제는 과거의 게릴라식 폭력투쟁을 포기하고 영적인 저항을 지향해야 한다고 주장하였다. 이로써 새로운 방식의 광야교회 저항운동이 시작된 것이다. 앙투안은 광야교회를 '십자가 아래의 교회'라고 명명하고, 네 가지 방향성을 제시하였다. 첫째는 예배와 교육을 위한 정규적인 모임을 가질 것, 둘째는 지나친 열광주의와 무질서를 극복하고 예언주의의 남용에 감염된 사람들을 건강하게

광야박물관에 있는 앙투안 쿠르가 쓴 책 *Histoire des troubles des Cévennes ou de la guerre des Camisards* (1760, new edition, three volumes, Alais, 1819)

되돌릴 것, 셋째는 컨시스토리, 장로회, 대회를 수립하여 치리를 회복할 것, 넷째는 목회자에 대한 훈련을 강화할 것이었다. 이처럼 앙투안은 광야교회를 다시금 세우고, 나아가야 할 방향을 제시하고, 영적인 저항이라는 새로운 방법을 제안하였다. 앙투안이야말로 "프랑스 프로테스탄트 교회의 회복자"라고 불릴 만한 자격이 있다.

당시 광야교회에는 정식으로 신학교육을 받은 목회자가 없었다. 그들은 안수 받은 목회자의 필요성을 절감하고 일명 '카리에르'Carrière라 불리는 피에르 코르테즈Pierre Corteiz를 취리히로 보내 안수를 받도록 했다. 그리고 피에르가 1718년 11월 집회에서 앙투안 쿠르에게 안수하였다. 이렇게 하여 광야설교자 앙투안이 광야목회자가 되었다. 그런 와중에도 박해는 계속되어 앙투안과 함께 1715년 첫 번째 광야대회에 참여했던 동료들이 차례로 죽임을 당했다. 아르노Etienne Arnaud가 1718년에, 장 형제Jean Huc and Jean Vesson가 1723년에, 루셀Alexandre Roussel이 1728년에, 뒤랑Pierre Durand이 1732년에 순교했다. 앙투안은 죽음의 고비를 여러 차례 넘기기는 했지

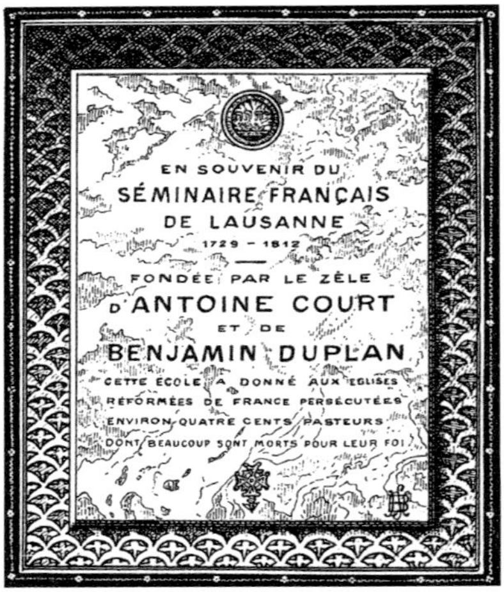

로잔의 신학교에 대해 설명하는 기념 명판

만 처음 50피스톨(pistole, 옛 금화 단위로 알렉상드르 뒤마의 『삼총사』에 따르면 1피스톨은 10리브르 가치가 있다.)이었던 현상금이 1729년에는 20배 이상 올라 10,000리브르까지 치솟았다.

결국 앙투안은 1729년 스위스 로잔으로 피신하였다. 앙투안은 로잔에서 목회자 양성을 위한 학교를 세워 1760년에 죽을 때까지 30년 이상을 박해받는 교회의 미래 지도자를 교육하여 그들을 다시 프랑스로 파송하였다. 매년 학생들이 생명의 위협을 무릅쓰고 국경을 넘어와 신학교육을 받았으며, 앙투안이 로잔에 있던 기간1729-60 동안 목회자 교육을 받고 프랑스로 돌아가서 섬긴 사람은 106명에 이른다. 지금도 로잔의 대성당 광장 1번지 집의 기념 명판에는 "앙투안 쿠르와 뱅자맹 뒤프랑의 노력으로 세워진 로잔의 프랑스 신학교1729-1812를 기념하여. 박해받는 프랑스 개혁교회를 위해 대략 400명의 목회자를 배출하였고, 그중 많은 사람이 자신들의 신앙을 위해 순교하였다."라는 내용이 남아 있다.

광야시대에 카미자르가 거의 소멸되었음에도 불구하고 다시 광야교회가 일어선 데에는 몇 가지 이유가 있을 것이다. 첫째는 역설적이게도 광야교회를 든든하게 만든 일등공신은 박해였다는 사실이다. 프랑스 당국은 목회자는 처형하고, 평신도는 남자의 경우 갤리선으로, 여자의 경우 감옥으로 보냈다. 그럼에도 불구하고 순교자와 양심범의 숫자는 줄어들지 않았다. 둘째는 앙투안 쿠르를 비롯한 새로운 지도력의 형성이 프랑스 프로

광야교회의 처음 문장들 중 하나 파도에 위협받는 배와 "주님! 우리를 구하소서. 우리가 죽게 되었나이다."라는 문구가 당시 위그노들의 절망적인 상황을 보여준다.

1559년 프랑스 개혁교회의 문장 모세의 가시떨기 불꽃 속에 '야훼'가 써 있다. 위쪽에 "불타지만 사그라지지 않는다." 아래쪽에 "프랑스 개혁교회"라는 문구가 기록되어 있다.

테스탄트교회를 세우는 데 결정적인 역할을 하였다. 셋째는 지속적으로 이루어진 목회자 교육으로, 이는 광야교회의 회복에 기여하였다. 앙투안이 가르쳤던 로잔의 신학교는 광야교회에 지도자를 제공하는 원천이었다. 넷째는 민중들의 영적 저항이 지속적으로 이어진 것이다. '십자가 아래의 교회'는 모진 고난의 현장에서도 매일 기도하였다. 그들은 도무지 감사할 것이 없는 환경에서도 감사로 하루를 맞았다. "우리 주 하나님, 오늘 다시 우리에게 빛을 비춰주심을 감사합니다. 우리에게 주신 모든 좋은 것으로 인해, 매일 아침을 새롭게 하심으로 인해 감사드립니다." "우리의 가족을 지켜주시고 그들을 위험에서 구해주소서." "갤리선과 감옥에서 고난당하는 우리의 형제자매를 지켜주소서."

| 위그노의 탈출 |

앞에서 살펴본 대로 1685년 낭트 칙령의 철폐와 함께 '광야시대'가 시작되자 카미자르의 저항이 있었다. 하지만 다른 한편으로는 프랑스 위그노의 생존을 위한 대규모 탈출이 시작되었다. 마치 이집트의 압제로부터 벗어나 가나안을 향하던 이스라엘 민족의 대탈출과도 같았다. 1685년부터 1700년까지만 해도 30만 명이 국경을 넘어 피신한 것으로 추산된다. 잉글랜드, 네덜란드, 독일, 스위스, 러시아는 물론이고 북아메리카의 미국과 캐나다, 남아프리카공화국의 희망봉과 케이프타운 인근까지 피신하여 자신들의 신앙공동체를 만들었다. 당시 피신한 위그노들 가운데에는 숙련된 장인이나 전문성을 지닌 부르주아가 많았기 때문에 다른 나라들은 이들로 인해 부유해지고 성장했지만, 그만큼 프랑스는 쇠약해졌고 인구도 급감했다. 미국의 초대 대통령 조지 워싱턴도 바로 위그노 피난민의 후손이다.

오늘날 유럽과 세계 곳곳에 위그노의 신앙과 그들이 끼친 영향을 기리기 위한 박물관과 기념탑이 세워져 있다. 유럽에서 멀리 떨어진 남아프리카공화국의 케이프타운 인근 프랑슈후크Franschhoek에도 위그노 기념탑이 서 있으며, 작은 규모의 위그노 박물관도 운영되고 있다. 이곳은 17세기와 18세기 위그노들이 이민하여 정착한 마을이기 때문에 '프랑스 마을'이라 불린다. 기념탑은 1945년에 종장J. C. Jongens에 의해 디자인되었으며, 1948년 4월 17일에 제막식이 열렸다. 세 개의 아치는 성부, 성자, 성령 삼위일체를 뜻하고, 아치 위쪽에는 의로움의 태양과 십자가가 서 있다. 아치 앞쪽의 지구본 위에 선 여성은 종교와 신앙의 자유를 뜻한다. 오른손에는 성서를, 왼손에는 끊어진 사슬을 들고 있다. 이는 위그노가 하나님의 말씀으로 억압의 쇠사슬을 벗어던졌음을 상징한다.

▲ **프랑스 위그노의 주요 피난처**

▼ **남아공의 위그노 기념탑** 옆에는 위그노 박물관이 있는데 주소는 Fra-nschhoek 7690, South Africa, 연락처는 27-21-876-2598, 이메일은 hugenote@telkomsa.net이다.

| 카미자르 저항운동에 대한 평가 |

카미자르 저항운동에 대한 평가는 매우 엇갈린다. 로마가톨릭 진영의 사료들은 카미자르의 저항을 '군주제에 대한 범죄' 혹은 '비난받아 마땅한 폭동'으로 규정한다. 그리고 신비주의적 열광에 사로잡힌 사람들의 일탈적인 폭력 정도로 치부해버린다. 반면 프로테스탄트 진영의 해석자들은 카미자르의 저항운동은 '자유를 위한 투쟁'이요, 신앙과 양심을 지키기 위한 '민중의 저항'이라고 주장한다. 따라서 프로테스탄트들에게 카미자르 저항운동에서 희생된 사람들은 믿음을 지킨 '순교자요, 성인'이다. 최근에는 이와 같은 당파적 해석에 거리를 두면서 객관적 사료에 근거하여 카미자르 저항의 종교적 성격뿐만 아니라 정치적·사회적·경제적인 해석까지 고려한 통합적 이해가 시도되고 있다.

프랑스 역사에서 광야시대로 이해되는 1685년에서 1787년까지 위그노들은 개종, 피난, 저항 가운데 한 가지를 택할 수밖에 없었다. 저항을 택한 사람들은 때로는 무력에 의지하여 싸웠고, 때로는 영적인 투쟁을 벌여나갔다. 광야시대에 자신들의 신앙과 양심의 자유를 지키기 위해 투쟁한 카미자르 저항정신은 20세기 독일의 나치즘에 맞선 프랑스 레지스탕스 운동의 근간이 되었다. 제2차 세계대전 당시 독일의 점령에 대항한 쎄벤느 지역 레지스탕스였던 자크 푸졸Jacques Poujol은 자신의 글에서 "쎄벤느의 자랑스러운 자녀들이여, 반항자여, 저항자여, 그대들의 혈관 속에 카미자르의 순수한 피가 있음을 보여주라."라고 호소했다. 프랑스 감독 르네 알리오René Allio는 1972년 〈카미자르〉Les Camisards라는 자신의 영화에서 카미자르의 저항을 조명하였으며, 우리에게도 잘 알려진 프랑스 소설가 베르나르 베르베르Bernard Werber도 최근 장편 소설 『제3인류』에서 루이 14세 시대의 카미자르에 대해 묘사한다. 1928년부터 지금까지 매년 9월 첫 번째 주일이면 수천에서 수만 명의 신실한 프로테스탄트들이 광야박물관에 모여 저항과 갱신의 메시지를 되새기며 카미자르의 정신을 기억하고 있다. 카미자르의 저항은 프로테스탄트의 정신이며 프랑스의 자부심이다.

방문자 소감:

광야시대! 삶의 형편이 광야였고, 드러낼 수 없어 산지로 숨다보니 광야였다. 어느 하루인들 발 뻗고 편히 잠들었을까. 심장의 한쪽은 죽음의 공포와 긴장으로, 다른 한쪽은 신앙에 대한 열망으로 깨어 있었을 그들! 그래서 궁핍한 유랑생활 속에서도 이동식 설교단을 갖추고 있었고, 성서를 숨기기 위한 각종 기지를 발휘하였다. 거울 뒤에 성서를 숨기는가 하면, 여인들의 쪽진 머리 속에 숨길 수 있도록 엄지손가락만 한 성서를 가지고 다니기도 했다.

이들의 단출한 생활상을 둘러보던 나의 뒤통수를 한 대 후려친 곳이 있었다. 바로 위그노들이 자녀의 교리교육을 위해 만든 교리교육판 앞이었다. 쫓기는 삶을 살면서도 자녀의 신앙교육을 놓치지 않았던 위그노들. 교리교육판이 나에게 질문했다. '너의 신앙은 진짜냐?' 하나님 아니면 살 수 없던 광야 시절, 자신들이 걷는 이 광야의 길을 하나님 그분이 인정하심을 알기에 죽음의 위협 속에서도 성서를 품고, 자녀들에게 하나님을 붙잡도록 가르쳤으리라! 기념품점에서 읽지도 못하는 프랑스어로 된 교리교육판을 사들고 내려오면서 나의 신앙을 반성하며 다음 세대를 꿈꿔본다.

- 조소영

위그노들이 광야에 은밀히 모여 하나님께 예배드릴 때 부어주신 은혜는 얼마나 크고 놀라웠을까! 우리가 지금 드리는 예배와는 어떤 차이가 있었을까? 그것은 예배 형식의 차이가 아니라 간절함의 차이라고 생각한다. 매번 드리는 예배에 익숙해져서 주를 향한 간절함이 사라지고 편안함만을 추구하는 우리의 모습을 돌이켜야 한다.

우리에게 간절함이 사라진 것은 인간의 제일 되는 목적을 잃어버렸기 때문이다. 인간의 제일 되는 목적은 바로 하나님을 영화롭게 하고 영원토록 그를 즐거워하는 것이다. 신앙의 자유를 빼앗긴 위그노들이 지켜낸 예배를, 편안함에 익숙해진 나머지 제대로 지켜내지 못하는 일이 벌어지지 않도록 내 속에 넘쳐나는 나태함에 저항하리라!

- 서영광

6

위그노 정신과 상징

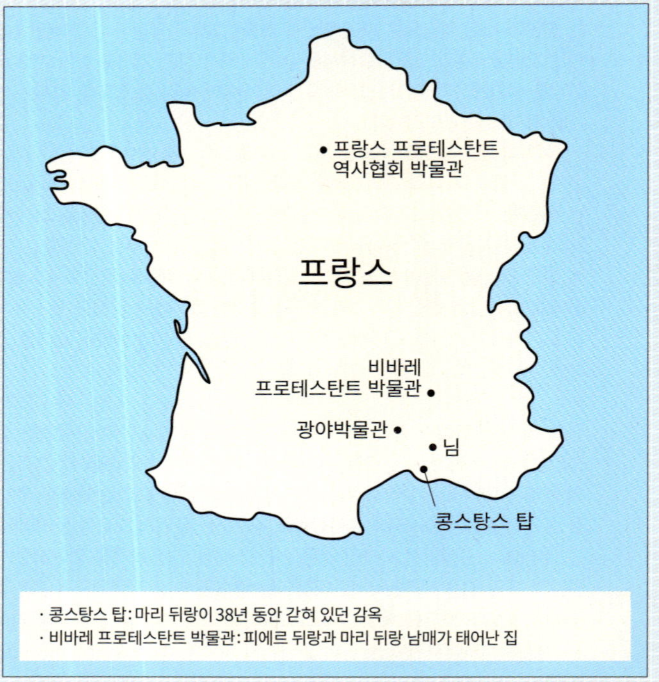

· 콩스탕스 탑: 마리 뒤랑이 38년 동안 갇혀 있던 감옥
· 비바레 프로테스탄트 박물관: 피에르 뒤랑과 마리 뒤랑 남매가 태어난 집

| "저항하라" |

프랑스 남쪽 쎄벤느Cévennes 국립공원에 있는 광야박물관Musée du Désert을 방문하는 사람이라면 누구든지 한 여성의 이야기를 만나게 될 것이다. 바로 마리 뒤랑Marie Durand, 1711-76이라는 프랑스 여성이다. 마리가 태어나고 살았던 18세기 프랑스는 엄혹한 박해의 시기였다. 루이 14세가 낭트 칙령을 폐지한 1685년부터 루이 16세의 관용령이 반포된 1787년까지 100년에 가까운 기간 동안 위그노에 대한 대대적이고 철저한 박해가 자행되었다. 마리 뒤랑은 바로 이 '광야시대'를 살았던 위그노이다.

광야박물관에서 만난 마리 뒤랑은 필자의 마음에도 깊은 인상과 울림을 남겼다. 그녀는 19세이던 1730년에 단지 위그노라는 이유로 체포되었다. 그녀의 오빠 피에르 뒤랑은 제네바에서 신학을 공부한 설교자였는데, 32세의 나이로 몽펠리에에서 순교했다. 이 남매가 태어난 집에는 피에르 뒤랑이 마지막으로 남긴 말, "만일 나의 구주께서 내 피로 당신의 거룩한 복음을 확증하기 위해 나를 부르신다면, 주님의 뜻이 이루어지기만을 빕니

에그모르트 성벽

콩스탕스 탑 주소는 Place Anatole France, logis du Gouverneur, 30220 Aigues-Mortes, France이다.

성 루이 9세의 상 에그모르트 관광안내소 광장에 있으며, 주소는 6 Place Saint-Louis, 30220 Aigues-Mortes이다.

다."라는 글귀가 기록되어 있다. 마리는 체포되어 프랑스 최남단 에그모르트Aigues-Mortes에 있는 콩스탕스 탑Tour de Constance에 갇히게 된다. 무려 38년간 말이다. 1730년 19세에 체포되어 수감된 마리는 1768년 57세가 되어서야 풀려났다. 마리는 고향 집으로 돌아가 8년을 살다가 1776년에 숨을 거두었다.

에그모르트는 프랑스의 최남단 지중해 변에 있는 도시이다. 역사적으로 보면, 이곳은 프랑스 왕 루이 9세가 두 차례 십자군(7차 1248년, 8차 1270년)을 출발시킨 장소이다. 루이 9세는 샤를마뉴가 790년경에 세운 마타페르 탑 자리에 1242-54년에 콩스탕스 탑을 건립하였는데, 14세기 초에 필립 4세는 이곳을 성전기사단을 감금하는 감옥으로 사용하기도 하였다.

7차 십자군 원정을 떠나는 그림

1307년 11월 8-11일 45명의 기사가 갇혔다는 기록이 있고, 이후 그들의 유골이 발견되기도 하였다. 콩스탕스 탑은 직경 22m, 두께 6m, 높이 36-40m가량의 타워이며 연결된 성벽은 1,650m에 이른다. 1575년부터 1622년 사이 에그모르트의 콩스탕스 탑은 프로테스탄트의 안전한 피난처 중 하나였다. 하지만 루이 14세에 의해 낭트 칙령이 폐지된 후에는 위그노 신앙을 근절하기 위한 고문과 수감 시설로 사용되었다.

마리가 38년 동안 갇혀 지낸 콩스탕스 감옥은 지금도 그대로 남아 있다. 마리는 그 감옥의 돌바닥에 아마도 머리핀으로 새겼을 것으로 추정되는 한 단어를 남겼다. "저항하라!"Résister 도대체 왜, 그리고 무엇을 위해 이 여인은 38년을 견디며 맞선 것일까? 하나님의 말씀과 양심에 따른 신앙을 부당한 강압으로 꺾으려고 했던 세력에 저항하여 끝까지 견디며 항거한 한 여인에게서 우리는 프로테스탄트 저항정신의 진수를 보게 된다. 마리가 콩스탕스 감옥에 새긴 "저항하라"라는 한 단어에 매혹되어 세이엉R. Saillens 목사는 다음과 같은 시를 남겼다.

저항하라!

무거운 쇠창살도 아니고,
그 거무튀튀한 벽도,
어두운 성채도,
음침한 감옥도 아니다,
내가 보고 싶은 것은.
그것은 한 여인이 새겨 놓은,
오랫동안 지속된 비극적인 이야기를 감추고 있는 한 단어, 저항하라!

쎄벤느 출신의 그 백발의 여성은
생전에 떨리는 가슴을 그 단어로 부여잡고
용기 있게 결의를 다졌다.
그녀의 얼굴에 새겨진 것은 그 단어, 저항하라!

그 가혹한 처지의 여성은
아직은 멀리 있는 죽음을 직시하고는,
돌로 된 벽에 자신의 증언을 남겨,
자신이 떠나고 난 이후의 비겁함을 물리치고자 했다.
그래서 그녀는 새겨 넣었다, 저항하라!

왕이 베르사유 궁정에서 웃고 있을 때
신앙은 유폐의 벽 뒤에서 기도하고 있었다.
한쪽이 박해하라고 썼을 때,
다른 한쪽은 몸을 구부려 썼다, 저항하라!

담대한 신앙이여!
가장 강한 이는 당신입니다.
그 여인도 이미 오래전에 죽었고
왕도 마찬가지이다.
그렇지만 제왕의 홀과 왕관은 사라졌지만
감옥에 새겨진 채 세월을 먹은 그 단어는 여전히 빛난다, 저항하라!

거짓과 위선과 불의에 대한 저항의 정신, 진리를 붙들고 끝까지 인내하면서 견뎌낸 불굴의 정신, 이것이야말로 로마가톨릭교회의 의선에 맞서 분

◀ 마리 뒤랑
▶ "저항하라"

에크모르트 콩스탕스 탑에 갇혀 있던 위그노 죄수의 해방 200주년(1768-1968) 기념 우표

연히 일어난 프로테스탄트protestant의 본래 정신이 아니겠는가!

마리가 감옥에서 풀려난 지 200년이 되는 1968년, 그녀가 태어난 생가에 프로테스탄트 박물관이 문을 열었다. 동시에 에그모르트의 콩스탕스 탑에 갇혀 있던 위그노 죄수의 해방 200주년 기념우표도 발행되었다. 20세기 유럽이 제1차 세계대전과 제2차 세계대전을 겪으면서 마리가 보여준 저항정신의 가치는 더욱 빛을 발하게 되었다. 1940년 12월 프로테

피에르 뒤랑과 마리 뒤랑 남매가 태어난 집
Musée du Vivarais Protestant

광야박물관에서 동북쪽으로 130km 지점에 위치한 마을에 있으며 현재 박물관으로 운영되고 있다.

주　　소 Le Bouschet, 07000 Pranles, France
홈페이지 http://lebouschetdepranles.free.fr
연 락 처 33-4-75-64-22-74
이 메 일 museevivarais@orange.fr

개방 시간
5월 1일-6월 15일 주말과 공휴일에만 14-18시(월요일 휴관)
6월 16-30일, 9월 매일 14-18시(월요일 휴관)
7월 1일-8월 31일 매일 10-18시

스탄트 여성 이본 오동Yvonne Oddon은 마리의 저항에 감명을 받고 파리에서 "Résistez"라는 제목의 레지스탕스 전단을 만들었다가 게슈타포에 체포되어 제2차 세계대전이 끝날 때까지 감금되어야 했다. 마리의 저항정신을 기억하기 위해 프랑스 프로테스탄트 신자들은 지금도 매년 성령강림절 월요일이면 박물관이 된 그녀의 생가에서, 몽펠리에에서 순교한 그녀의 오빠 피에르 뒤랑과 마리를 기념하는 예배를 드리고 있다. 세이엉 목사의 말처럼 마리는 죽었지만, 그녀의 저항정신은 지금도 여전히 살아 빛을 발하고 있다.

방문자 소감

저항하라! 진리가 아닌 것에 저항하라! 본질을 벗어나는 것에 저항하라! 예수 그리스도 외에 다른 모든 것에 저항하라! 그녀가 남긴 그 말이 너무도 생생하게 내 안에 박혀버렸다. 우린 저항하고 있는가? 우리가 걸어가는 이 길 위에서, 교회의 주인이 예수 그리스도임을 인정하지 않는 모든 것들에 저항하고 있는가? 그 길 위에서 잘못된 관습과 습관적인 신앙에 저항하고 있는가? 그들이 목숨과도 바꿨던 그 진리… 우린 얼마나 지키고 누리며 살고 있는가? 그러나 이 질문들은 그 누구보다 나에게 먼저 던져야 할 것이다. 나는 그렇게 살고 있는가?

- 박진아

마리 뒤랑이 좁은 감옥에서 할 수 있었던 일이 무엇일까? 그녀가 감옥에서 할 수 있는 일이란 날카로운 머리핀을 차가운 돌에 억겁을 갈아 진리를 새기는 것이었다. "Register-저항하라." 돌은 피를 흘리지 않으나 그녀의 손과 마음은 온통 피에 물들었을 것이다. 무엇에 대한 저항인가? 비본질이 본질을 잠식한 상황에 대한 저항이었을 것이다. 파고 또 파서 "Register"라는 글귀가 선명해지는 그만큼 본질을 향한 그녀의 신앙도 단단하고 명료해졌을 것이다. 그렇다면 나는 매일 주님이 주신 나의 호흡을 태우며 어디에 무엇을 새기고 있을까? 하나님이 주신 하루 24시간 중 하나님에게 집중해 묻고 구하며 하나님 한 분만으로 만족하고 즐거워하며 주파수를 맞추는 시간이 얼마나 될까? 오직 말씀, 오직 은혜, 오직 믿음이라는 단순하고 서늘한 진리를 위해 목숨을 걸었던 종교개혁자들의 삶을 다시금 기억하며 이 땅에 하나님의 사랑을 날마다의 삶 속에 또 나의 이웃에게 선명히 새겨 나가겠다고 기도해본다.

- 한진선

방문자 소감

거대한 성벽 가운데 우뚝 솟은 감옥 콩스탕스. 마리 뒤랑의 프로테스탄트 정신이 고스란히 담긴 이 장소는 아직도 마음속에 강렬한 인상으로 남아 있다. 높게 솟은 천장에 뚫린 작은 구멍과 가늘고 길게 뚫려 있는 창, 쇠창살로 만들어진 절벽 같은 화장실과 까칠하고 어두운 빛의 회벽. 어느 곳 하나 여인들을 위한 안락한 공간 따위는 없었다.

19세의 어린 나이에 위그노라는 이유 하나로 이 감옥에 수감되었던 마리 뒤랑과 수많은 여성들. 꽃다운 시간을 감옥에서 보내면서까지 그녀들이 지켜내고자 했던 것은 하나님을 향한 믿음이었다. 믿음 하나 때문에 편안함과 행복을 다 잃는다고 해도, 그들은 자신들의 믿음을 버릴 수 없었다. 부당하고 무참한 억압에 맞선 그들의 인생이, 누군가의 눈에는 미련한 것이었을지라도 머나먼 한반도의 신앙인인 나의 마음속에는 커다란 물결을 일으켰다. 예리한 쇠 끝으로 날마다 마음에 새기고 또 새겼을 단어, "저항하라." 종교, 정치, 사회의 부조리에 대한 그들의 다짐을 기억해본다. 오늘 나는 무엇에 저항해야 하는가? 무엇이 교회를 교회답지 못하게, 인간을 인간답지 못하게, 하나님을 하나님 되시지 못하게 하는가? 한 송이의 꽃으로 주의 전에 드려진 선배들의 아름다운 희생을 기억하면서 오늘, 지금, 이 순간 나를 향한 주님의 부르심과 인도하심을 발견하기를 소망한다.

- 우요한

| 메로 |

메로Méreau는 1550년대부터 19세기 중반까지 프랑스 위그노들이 사용한 원형의 토큰이다. 이것은 위그노 예배의 성만찬에 참여할 자격이 있음을 증명하는 징표이기도 하였다. 따라서 교리문답에 정규적으로 참여하지 않거나 프로테스탄트 개혁교회의 치리 기구인 컨시스토리consistory로부터 견책을 받은 사람에게는 메로가 주어지지 않았다. 성만찬에 참여한 사람들은 빵과 잔을 받기 전에 성만찬 식탁 곁에 서 있는 장로에게 자신이 가진 메로를 건네주어야만 했다.

1561년경 칼뱅은 "프랑스의 성도들에게 보내는 편지"에서 메로의 사용

메로의 양면

을 강력하게 권장하였다. 그 후로 200년 이상 메로의 사용은 위그노의 관례가 되었으며, 메로는 박해받는 종교에 대한 충실성과 성도들의 연대성의 비밀스러운 상징이 되었다. 1680년대 대규모 박해 동안 메로는 로마가톨릭의 스파이를 간파하기 위한 신분증명서로 사용되었다. 위그노는 교회에 들어갈 때 자신이 교회의 구성원임을 증명하기 위해 메로를 제시해야만 했다. 낭트 칙령이 폐지된 이후 프랑스 외의 다른 나라로 피신한 위그노들 역시 메로를 사용하였다.

메로는 보통 원형이지만, 님Nîmes에서 사용된 것 중에는 예외적으로 타원형도 있다. 크기는 다르지만 보통은 직경 3cm 정도였는데, 그 명칭과 도안은 지역마다 차이가 났다. 푸아투에서는 마르크marques, 랑그독에서는 마로marreaux, 앙구무아에서는 마롱marrons이라고도 불렀다. 대부분은 납이나 백납으로 만들었지만, 때로는 가죽이나 밀랍 혹은 유리로 만든 경우도 있었다.

메로의 앞쪽에는 주로 목자이신 그리스도가 묘사되어 있다. 그리스도는 왼손에는 지팡이를, 오른손에는 나팔을 든 목자로 등장한다. 그리스도의 양편에는 두 그루의 무화과나무가 있고, 십자가와 배너도 있다. 그리스도의 발 곁에 있는 양 떼는 제자들을 상징한다. 메로의 뒷면에는 성서가 펼쳐져 있고, 보통 누가복음 12장 32절 "적은 무리여 무서워 말라 너희 아버지께서 그 나라를 너희에게 주시기를 기뻐하시느니라"가 기록되어 있다. 성서 위쪽에는 빛나는 태양과 여섯 개의 별이 있다.

| 위그노 십자가 |

광야박물관 바닥에 새겨진 위그노 십자가

위그노 십자가는 프랑스 프로테스탄트 신자들의 고난과 눈물, 하나님에 대한 헌신과 충성을 나타내는 상징이다. 위그노 십자가가 프랑스 종교전쟁, 즉 위그노 전쟁1562-98 때에 등장했다고 주장하는 사람들도 있지만, 많은 사람들은 이 십자가가 17세기 말에 프랑스의 님에서 처음 디자인되어 19세기 말에 와서야 위그노 후손들의 신앙적 상징으로 사용되기 시작했다고 믿고 있다.

위그노 십자가에서 십자가는 그리스도의 죽음뿐만 아니라 죽음에 대한 승리를 나타낸다. 그리고 십자가에 있는 8개의 둥근 끝부분은 예수님께서 우리에게 가르치신 팔복을 의미한다. 십자가 문양 사이에 4개의 백합화를 볼 수 있는데, 이것은 4복음서를 의미한다. 백합화마다 3개씩 있는 꽃잎은 모두 12개로 12사도를 상징한다. 십자가와 백합화 사이의 비어 있는 공간은 하트 모양을 하고 있는데, 이는 하나님을 향한 충성심을 나타내는 것이다. 이 문양은 또한 위그노들의 정신적 지주였던 칼뱅의 "내 마음을 주님 당신께 바칩니다. 즉시 그리고 진심으로." 라는 고백을 상기시켜 준다. 위그노 십자가에 있는 비둘기는 우리에게 임하시는 성령을 상징한다. 위그노들은 박해의 시기에는 비둘기 대신 눈물을 상징하는 진주의 형상을 사용하기도 했다. 이처럼 위그노 십자가에 담긴 상징은 위그노의 신앙을 고스란히 드러내준다.

위그노 십자가

| 프랑스 개혁교회에서 프랑스 프로테스탄트 교회연합으로 |

프랑스 개혁교회Église réformée de France는 1559년 파리에서 1차 대회를 가진 이후 지금까지 450년 이상 이어져 오고 있다. 16세기부터 지금까지 위그노는 한 번도 프랑스에서 다수가 된 적이 없고 수많은 박해를 받았지

▲ 프랑스 개혁교회의 문양
▼ 프랑스 프로테스탄트 교회연합의 문양

만, 자신들의 정체성을 지키며 신앙적 유산과 정신을 이어오고 있다. 프랑스 개혁교회의 문양에는 위그노 십자가의 문양이 포함되어 있으며, 출애굽기 3장 2절 "떨기나무에 불이 붙었으나 그 떨기나무가 사라지지 아니하는지라"라는 말씀이 기록되어 있다. 이 구절은 1559년 1차 대회 때부터 사용된 성구이다. 이것은 처음부터 지금까지 위그노가 신앙을 지켜올 수 있었던 것은 전적으로 하나님의 은혜와 성령의 도움 덕분이었다는 그들의 신앙 고백이라 할 수 있을 것이다.

프랑스 개혁교회는 프랑스 복음주의 루터교회 Église évangélique luthérienne de France와 연대해 프랑스 프로테스탄트 교회연합 Église protestante unie de France

을 구성하였다. 과거 프랑스 프로테스탄트 공동체의 중심은 개혁교회였지만, 알자스 지방이 프랑스로 편입된 이후 루터교회 성도의 수가 크게 증가함에 따라 2007년 통합 논의를 시작하여 두 교단은 2013년에 하나로 통합되었다. 2016년 현재 프랑스 프로테스탄트 교회연합에는 500명의 목회자(그중 3분의 1이 여성), 480개의 교회당과 1,100개의 예배처소, 2개의 신학교, 40만 명의 적극적으로 활동하는 신자가 있다. 프랑스 인구조사에서 스스로를 프로테스탄트라고 말하는 사람은 대략 150만 명(인구의 약 2.3%) 정도이다. 로마가톨릭과 무슬림에 이어 세 번째 규모이지만, '제3의 종교'라는 표현이 무색할 만큼 소수에 불과하다. 프랑스 프로테스탄트 교회연합에 대한 자세한 정보는 홈페이지(www.eglise-protestante-unie.fr)를 참고할 수 있다. 또한 프랑스 프로테스탄트의 역사를 알기 원한다면 역사협회가 운영하는 도서관과 홈페이지에서 도움을 받을 수 있을 것이다.

프랑스 프로테스탄트 역사협회
Musée de l'Hist. du Protestantisme

주 소 La Bibliothèque de la Société de l'Histoire du Protestantisme Français 54 Rue des Saints-Pères, 75007 Paris, France
홈페이지 http://www.shpf.fr/index.html
연 락 처 33-1-45-48-62-07

위그노의 여러 현장을 돌아본 후

지금까지 프랑스 종교개혁의 현장을 돌아보면서 올곧은 신앙의 길은 결코 쉬운 길이 아님을 확인할 수 있었다. 파리, 라로셸, 메랭돌, 그리고 산과 광야에서 프랑스의 '발도파'와 '위그노'는 자신들의 신앙과 양심의 자유를 지키기 위해 고난과 박해의 험한 길을 기꺼이 인내하고 때로는 저항하며 걸어갔다. 그들은 '어둠을 밝히는 빛'(요 1:5)이기를 바랐고, '그리스도 안에서 경건하게 살기 위해서라면 박해를 받는 길'(딤후 3:12)도 마다하지 않았다. 그 길은 편안하고 넓은 길이 아니라 십자가를 지고 따르는 좁은 길이었다. 종교개혁 500주년을 지난 오늘 한국교회가 종교개혁의 정신을 제대로 계승하고 있는지, 혹 안락하고 편안한 넓은 길에 머물러 있는 것은 아닌지 돌아볼 때이다. "누구든지 나를 따라오려거든 자기를 부인하고 자기 십자가를 지고 나를 따를 것이니라"(막 8:34)라는 예수의 말씀을 기억해야 할 것이다.

제2부

영국 종교개혁 현장을 찾아

7

잉글랜드 종교개혁의 선구자들 : 위클리프와 틴들

●위클리프와 관련된 도시 ▲틴들과 관련된 도시

| 종교개혁의 새벽별, 위클리프 |

존 위클리프

잉글랜드 종교개혁은 16세기 유럽 대륙 종교개혁의 영향을 받아 갑자기 일어난 것이 아니다. 그곳에서는 일찍이 중세 로마가톨릭 교회의 개혁을 외치고 나선 사람들이 있었다. 어쩌면 오히려 잉글랜드에서 일어난 개혁의 외침에 영향을 받아 큰 메아리로 반향을 일으킨 것이 유럽의 종교개혁이라고 말할 수 있을 것이다. 그중 가장 선두에 서 있는 사람이 흔히 '종교개혁의 새벽별'이라 불리는 존 위클리프John Wycliffe, c.1324-84. 12. 31.이다.

위클리프는 1320년대 중반 영국 요크셔의 힙스웰Hipswell에서 태어나 성장하였고, 1356년에 옥스퍼드의 머튼 칼리지에서 문학사학위를 받았다. 같은 해 위클리프는 "교회의 마지막 대"라는 소논문을 쓰기도 했다. 14세기 말 창궐한 흑사병은 인간의 죄에 대한 하나님의 심판으로 간주되었고, 종말의 때가 다가왔음을 상징한다고 여겨졌다. 그 와중에 로마가톨릭교회는 상대적으로 사망률이 높았던 성직자들의 자리에 교육받지 못한 무자격자들을 자기 입맛대로 채워넣기에 급급했고, 이에 위클리프는 교회도 마지막에 이르렀다고 본 것이다. 이때 그는 이미 로마가톨릭교회에 대해 비관적 견해를 갖고 있었다.

위클리프는 1361년 옥스퍼드의 발리올 칼리지에서 석사학위를 받고, 링컨셔 주의 필링햄Fillingham 교구를 맡게 되었다. 동시에 브리스톨 인근 오스트Aust의 성직도 겸하였는데, 이것은 중세시대의 관례인 복수성직과 결석성직 제도에 따른 것이었다. 당시 로마교회에서는 한 사람이 몇 개의 성직을 동시에 맡았고, 심지어 어떤 곳에는 방문하거나 머물지도 않으면서 월급만 챙기는 경우도 허다하였다. 후에 위클리프는 이런 복수성직과 결석성직에 대해 강력하게 비판하게 된다.

1368년 위클리프는 필링햄을 떠나 옥스퍼드에서 멀지 않은 러저샬 Ludgershall 교구를 맡았다. 1372년에 박사학위를 취득한 그는 1374년 레스터셔 주의 루터워스Lutterworth로 가서 1384년 죽을 때까지 그곳에서 목회하였다. 그는 중세 로마가톨릭교회의 모순과 폐해를 비판하는 개혁자로서, 다른 한편으로는 그리스도인의 신앙과 삶의 기초인 성서를 영어로 번역하는 번역가로서 자신의 소명을 감당하였다. 위클리프가 이렇게 할 수 있었던 데는 벨기에 헨트Gent 출신으로 랭커스터의 공작이자 레스터의 백작이던 곤트의 존John of Gaunt과 같은 정치가의 도움도 크게 작용하였다.

| 종교개혁자 그리고 성서번역가 위클리프 |

위클리프는 점차 로마가톨릭교회를 철저하게 그리고 전면적으로 비판하기 시작했다. 그는 로마교회의 교황권을 정점으로 하는 위계적 계급구조와 성직자의 세속적 통치를 비판하였다. 그뿐만 아니라 첫해의 수입을 교황에게 바치는 성직취임세, 면벌부 판매, 성직매매와 같은 로마교회의 탐욕과 남용에 대해 강력하게 항의하였다.

그는 교회가 마땅히 모든 재산을 포기하고 성직자는 가난하게 살아야 한다고 주장하였다. 게다가 로마교회의 화체설, 연옥, 성직자 독신, 성지순례, 성인에게 드리는 기도, 수도원제도를 거부하였다. 이로 인해 위클리프는 결국 1377년 교황 그레고리우스 11세로부터 정죄를 받았지만 이듬해 교황이 죽음으로써 로마가톨릭교회의 세속성, 탐욕, 타락에 대한 거침

없는 비판을 계속 이어갈 수 있었다.

이와 같은 위클리프의 로마가톨릭교회 비판은 언제나 성서에 근거하고 있었다. 위클리프는 성서야말로 하나님의 진리를 담고 있기 때문에 교황이나 성직자의 가르침보다 더욱 신뢰할 수 있는 근거라고 주장하였다. 성서가 우리 신앙과 삶의 유일한 권위라는 종교개혁의 "오직 성서"의 원칙을 일찍이 천명한 사람이 바로 위클리프였다. 그렇기 때문에 위클리프는 중세시대 라틴어로만 되어 있던 성서를 평범한 그리스도인 누구나 읽을 수 있도록 영어로 번역하는 일에 헌신하였다. 그리하여 탄생한 것이 바로 1382년에 나온 '위클리프 성경'이다. 물론 이 성서를 위클리프 혼자 번역한 것은 아니고, 니콜라스Nicholas of Hereford, 존 퍼비John Purvey 등 많은 사람이 협력하여 이룬 결과물이다. 잉글랜드에서는 위클리프의 추종자들을 종종 '성서의 사람들'이라 불렀으며, 오늘날 세계의 모든 언어로 성서를 번역하여 전하려고 노력하는 선교회를 '위클리프성경번역선교회'Wycliffe Bible Translators라고 부르는 것은 결코 우연이 아니다.

| 위클리프의 영향과 그에 대한 평가

위클리프는 특별히 체코의 개혁자 얀 후스에게 결정적인 영향을 미쳤다. 이런 이유로 로마가톨릭교회는 1415년 콘스탄츠 공의회에서 후스를 화형에 처할 때 이미 사망한 위클리프를 이단으로 정죄하고 그의 책들을 불태웠으며, 이후 1428년에는 위클리프의 무덤을 파헤쳐 유해를 꺼내 화형시키고 그 재를 그가 목회했던 루터워스를 관통하여 흐르는 스위프트 강에 흩뿌린 것이다. 스위프트 강은 에이번Avon 강으로 흐르고, 그것은 세번Severn 강을 지나 다시 바다로 이어진다. 그리하여 토머스 풀러Thomas Fuller가 말

존 폭스의 『순교자열전』에 수록된 존 위클리프의 유해 화형식

한 것처럼 "에이번 강은 세번 강으로 흘러들고, 세번 강은 바다로 흘러간다. 물이 사방으로 퍼져가듯 위클리프의 유해와 함께 그의 가르침이 온 세상으로 확산"되었다. 지금도 잉글랜드의 옥스퍼드와 루터워스를 방문하면 위클리프의 발자취를 만날 수 있다.

위클리프에 대한 역사의 평가는 어느 편에서 보느냐에 따라 매우 상반된다. 한 사람을 두고서 영웅hero과 이단heretic, 개혁자reformer와 과격파radical, 보호자guardian와 성가시게 하는 자gadfly라는 전혀 상반된 평가가 이어져 왔다. 그 가운데 오늘날 일반적으로 받아들여지는 '종교개혁의 새벽별'Morning Star of the Reformation이라는 칭호를 위클리프에게 처음 사용한 사람은 존 베일John Bale, 1495-1563이다. 순교사가 존 폭스John Foxe, 1516-87는 프

캐나다 토론토에 위치한 위클리프 대학 채플의 스테인드글라스
위클리프의 영향이 루터, 칼뱅, 녹스, 웨슬리 등에게 흘러갔음을 상징적으로 보여준다.

로테스탄트 종교개혁의 순교자들을 정리하여 1554년에 출판한 『순교자 열전』 라틴어 초판에서 위클리프를 순교자 명단의 첫 자리에 놓았고(후에 초대교회와 위클리프 이전의 순교자들이 추가되었다.), 1563년 영어판 *Acts and Monuments*에서는 존 베일을 좇아 위클리프를 종교개혁의 새벽별이라고 불렀다. 1881년 옥스퍼드에서 행한 일련의 강연에서 버로우Montagu Burrows가 말한 것처럼, "우리는 위클리프에게 영어 문체, 영어 성서, 개혁교회를 빚지고 있다." 오늘날 잉글랜드 국교회에서는 12월 31일을, 캐나다 성공회와 미국 성공회에서는 10월 30일을 위클리프의 축일로 기념하고 있다.

| 위클리프와 그의 추종자 '롤라드'의 흔적을 찾아서 |

옥스퍼드의 발리올 칼리지를 졸업한 위클리프는 이후 이 학교에서 학장으로서 신학을 가르쳤다. 옥스퍼드를 방문한다면 발리올 칼리지를 돌아볼 것을 권한다. 학교 안으로 들어서면 아늑한 정원과 마주하게 된다. 채플과 도서관을 비롯한 학교 곳곳을 돌아보면서 오래전 이곳 어딘가에서 공부하고 가르쳤을 위클리프를 떠올릴 수 있을 것이다. 1877년에는 위클리프의 이름을 딴 신학교육기관 '위클리프 홀'이 옥스퍼드에 개관하여 지금까지 목회자와 평신도 지도자를 양성하고 있다. 한국에도 널리 알려진 알리스터 맥그래스가 1995년부터 2005년까지 위클리프 홀의 학장을 지냈다.

발리올 칼리지의 정원

▲ **발리올 칼리지의 채플** 주소는 Oxford OX1 3BJ, UK, 연락처는 44-0-1865-277777이다.
▼ **위클리프 홀** 주소는 Oxford OX2 6PW, UK이다.

▲ **존 위클리프가 목회했던 루터워스의 교구 교회** 주소는 Lutterworth LE17 4AN, UK, 홈페이지는 lutterworthchurch.org, 연락처는 44-0-1455-558797이다.

▶ **존 위클리프 기념비** 1896년 6월 루터워스 도심에 세워졌다.

▼ **루터워스 교회 내부의 존 위클리프 기념물**

루터워스는 현재 인구 1만 명 정도의 작은 도시이다. 이곳에 위클리프가 자기 인생의 마지막 10년을 바쳐 목회하면서 성서를 영어로 번역하는 작업을 하던 교회St. Mary's Parish Church가 있다. 교회당 안에는 1837년에 만들어진 위클리프 기념 조형물이 있는데, 로마가톨릭교회의 성직자와 수도사들의 반대를 무릅쓰고 주민들에게 하나님의 말씀을 선포하는 위클리프의 모습이 조각되어 있다. 그리고 도심 한복판에는 빅토리아 여왕 통치 60주년인 1897년에 세워진 위클리프 기념비가 있는데, 여기에는 "종교개혁의 새벽별", "성서를 영어로 번역한 최초의 번역가"라고 기록되어 있다.

위클리프는 1384년에 숨을 거두었지만, 앞서 말했듯 사후인 1415년 로마가톨릭교회에 의해 이단으로 정죄를 받았고, 1428년에는 무덤이 파헤쳐져 그 유해가 화형을 당하는 수난까지 겪었다. 그럼에도 불구하고 그의 개혁정신과 성서만을 따르고자 했던 신앙은 불태워 없앨 수 없었다. 위클리프를 따르는 사람들은 계속 나타났다. 이와 같은 위클리프 추종자들을 '롤라드'Lollards라고 부르는데, 이는 중세 네덜란드어에 기원을 둔 용어로 '중얼거리는 사람' 혹은 '지껄이며 기도하는 사람'이라는 뜻이다. 이 용어는 본래 로마가톨릭교회에서 지나친 종교적 열광주의자를 비난하는 뜻으로 사용하던

아머샴 박물관 주소는 49 High St, Amersham HP7 0DP, UK이다.

말이지만, 정작 롤라드는 성서의 진리를 위한 열광이라면 마다하지 않았다. 옥스퍼드 인근의 작은 도시 아머샴Amersham을 방문하면 위클리프를 추종하던 롤라드를 기념하는 박물관을 둘러볼 수 있다.

롤라드는 공식적이고 일치된 입장을 가진 일사불란한 집단은 아니었지만, 일찍이 1395년 의회에 제출된 문서에는 이들의 기본적인 신앙이 잘 표현되어 있다. 이들은 교회의 부富, 성직자 독신, 화체설, 성직자의 세속정치 관여, 죽은 자를 위한 기도, 성지순례, 성상 숭배, 고해성사 등의 로마가톨릭 관습을 반대하였다. 특히 성서를 영어로 번역하거나 영어 성서 읽는 것을 금지하는 로마교회에 대해 강력히 항의하였다. 이들이 성서의 가르침대로 짝을 지어 사방으로 흩어져 복음을 전하는 순회설교자로 살았기 때문에, 위클리프의 정신은 점차 대중적인 운동으로 이어질 수 있었다. 그러나 로마가톨릭교회의 박해는 혹독하였다. 아머샴에는 16세기에 자신의 신앙을 지키고자 목숨을 바친 롤라드 순교자들을 기리기 위해 1931년에 건립된 순교기념비가 있다.

아머샴 박물관 내 윌리엄 틸스워스의 순교 500주년을 기념한 작품 12세의 초등학생 6명이 만든 작품으로 '성경의 사람들'의 순교 신앙을 표현했다.

아머샴의 기념비에는

▶ **아머샴 순교 기념비** 주소는 62A Station Rd, Amersham HP7 0BD, UK이다.

◀ **아머샴 순교자들의 명단**

1511년(기념비에는 1506년으로 표기되어 있지만, 최근 연구에서는 1511년으로 보고 있다.) 순교한 윌리엄 틸스워스William Tylsworth와 1521년 순교한 6명의 이름이 기록되어 있다. 그리고 괄호 안에는 참으로 가슴 아픈 내용이 적혀 있다. 로마가톨릭교회가 틸스워스를 화형에 처하면서 그의 딸 조안Joan에게 강제로 점화하도록 하고 사위 존John Clerk에게 나무를 쌓게 하였다는 것이다. 그리고 기념비는 1521년 순교자 중 한 사람인 존 스크리버너John Scrivener의 자녀들도 아버지의 화장용 장작더미에 점화할 수밖에 없었다고 전해준다. 아머샴 순교 기념비는 이렇게 증언한다. "고귀한 순교자들이 하나님 당신을 찬양합니다. 아머샴 순교자들. 이 기념비 좌측 100야드(91m) 지점에 있는 낮게 패인 곳에서 7명(남자 6명과 여자 1명)의 프로테스탄트가 화형을 당하였다. 이들은 종교적 자유의 원리를 옹호하다가, 성서를 읽고 전할 수 있는 권리를 주장하다가, 하나님의 말씀에 계시된 대로 자신의 양심에 따라 하나님을 예배할 권리를 외치다가 죽임을 당하였다. 이들의 이름은 영원히 기억될 것이다."

| 불 속에서 지킨 믿음, 윌리엄 틴들 |

윌리엄 틴들

영국의 종교개혁자이자 성서번역가인 윌리엄 틴들William Tyndale, 1494-1536에 대해 우리가 가진 대부분의 정보는 존 폭스의 『순교자열전』1563에 기초하고 있다. 틴들은 1494년경 글로스터셔 주의 노스 니블리North Nibley에서 태어났다고 알려져 있지만, 정확한 생가의 위치는 알 수 없다. 단지 생가 터로 추정되는 '틴들 클로즈'Tyndale Close에서 조금 떨어진 곳에 틴들 기념탑이 세워져 있을 뿐이다. 틴들 기념탑은 1863년 주춧돌을 놓기 시작하여 3년 이상의 노력 끝에 1866년 11월 6일에야 완성되었다. 이 작은 시골 마을은 영어 성서를 번역함으로써 영국뿐 아니라 세계를 일깨운 개혁자 틴들을 배출한 곳이다.

틴들은 옥스퍼드의 모들린 홀Magdalen Hall(1874년 하트포트 칼리지에 통합되었다.)에서 1512년 7월 4일 학사 학위를, 1515년 7월 2일 석사 학위를 받았다. 이것이 틴들의 생애에서 분명한 날짜를 확인할 수 있는 최초의 기록이다. 폭스는 틴들이 이곳에서 몇몇 동료를 만나 성서를 읽고, 성서의 진리

노스 니블리에 있는 윌리엄 틴들 기념탑 주소는 Cotswold Way, Dursley GL11 6DX, UK이다.

를 가르치기 시작했다고 기술한다. 그 후 틴들은 케임브리지로 가 수학하면서 설교사역을 했던 것으로 보인다. 당시 케임브리지는 르네상스 가치, 특히 그리스어 연구의 선두에 있었으며, 대부분의 초기 잉글랜드 개혁자들을 길러내는 요람과 같은 역할을 하였다.

틴들은 1522-23년에 1년가량 헨리 8세의 기사인 존 월시John Walsh의 개인사목이자 그의 자녀들을 가르치는 개인교사로 일했다. 이 무렵 틴들은 에라스무스의 개혁적 저서인 『기독교인 병사를 위한 소책자』*Enchiridion*를 영어로 번역하였다. 에라스무스의 책은 신약성서를 폭넓게 인용하면서 내면적인 영성생활을 위한 실천적 경건을 요구하는 내용을 담고 있었다. 틴들은 에라스무스를 통해 잉글랜드의 소망은 영적 각성에 있으며, 그것은 평범한 사람들의 언어로 번역된 성서가 모든 사람의 손에 들려질 때 가능하다고 확신하게 되었다. 150여 년 전에 나온 위클리프 영어 성서가 있지만, 르네상스 정신에 고무된 틴들은 라틴어로부터가 아닌 히브리어와 그리스어 원어로부터 번역된 새로운 영어 성서가 나와야 한다고 생각했다. 따라서 틴들은 당시 런던 주교인 툰스털Cuthbert Tunstall을 찾아가 영어로 성서를 번역하는 것을 승인해달라고 요청했으나 너무나도 당연하게 거절당하였다. 당시 로마가톨릭교회의 고위 성직자들은 라틴어 성서를 다른 언어로 번역하는 것은 위클리프 이단을 따르는 것이라며 강력하게 반대하였다. 틴들은 잉글랜드에서 이 일을 할 수 없다면 고국을 떠나 외국으로 가서 자신의 일을 계속해야겠다고 결심했다.

틴들은 1524년 잉글랜드를 떠나 루터의 도시 독일 비텐베르크로 향했다. 비텐베르크 대학 입학생 기록부에 "Guillelmus Daltici ex Anglia"라는 이름이 있는데, 'Guillelmus'는 'William'이고, 'Daltici'는 틴들의 가명으로 추정된다. 이것은 '영국에서 온 윌리엄 틴들'William Tyndale from England을 라틴어로 표기한 것이다. 이곳에서 틴들은 1525년 그리스어로 된 신약성서를 영어로 번

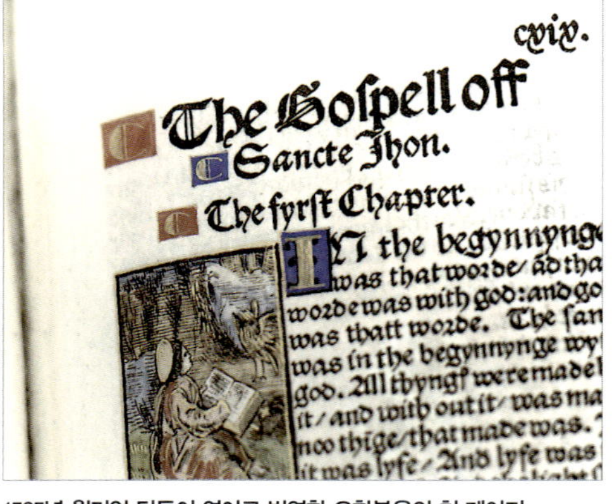

1525년 윌리엄 틴들이 영어로 번역한 요한복음의 첫 페이지

역하였다. 처음에 쾰른에 있는 퀜텔Peter Quentel의 인쇄소에서 출판을 시도했으나 좌절되었고, 결국 1526년 자유제국도시였던 보름스에서 쉐퍼Feter Schoeffer를 통해 '틴들 신약성서'를 출판할 수 있었다. 곧이어 네덜란드의 안트베르펜Antwerpen에서 대량으로 인쇄되어 은밀하게 잉글랜드와 스코틀랜드로 들어갔다. 그러나 런던 주교 툰스털은 틴들의 번역 성서가 오류로 가득하고 위험한 것이라며 공개적으로 불태울 것을 명하였고, 울시Wolsey 추기경은 틴들을 이단으로 정죄하였다. 당시에는 자국어로 번역된 성서를 읽는 것은 물론이고 소지하고 있는 것만으로도 중죄에 해당하였다. 그렇지만 틴들은 피신해있는 동안에도 계속해서 신약성서를 개정하는 한편 구약성서번역에도 몰두하였다.

틴들의 영어 성서번역은 에라스무스와 루터, 특별히 위클리프 성경에 의존하고 있었다. 틴들이 롤라드의 문서들을 출판했다는 사실은 그가 위클리프 정신의 계승자임을 보여주는 증거이기도 하다. 틴들은 위클리프를 "잉글랜드를 회개시키기 위해 보냄을 받은 하나님의 대변인"이라고 기술하였다. 위클리프 성경과 비교할 때 틴들의 영어 성서는 히브리어와 그리스어 원어를 번역했다는 점, 인쇄술을 이용해 대량으로 발간했다는 점, 종교개혁 시기인 16세기에 나온 첫 번째 영어성서라는 점에서 독특성을 가진다.

『킹제임스 성경』 초판(1611)의 표지

종교개혁 시기 이후에 나온 거

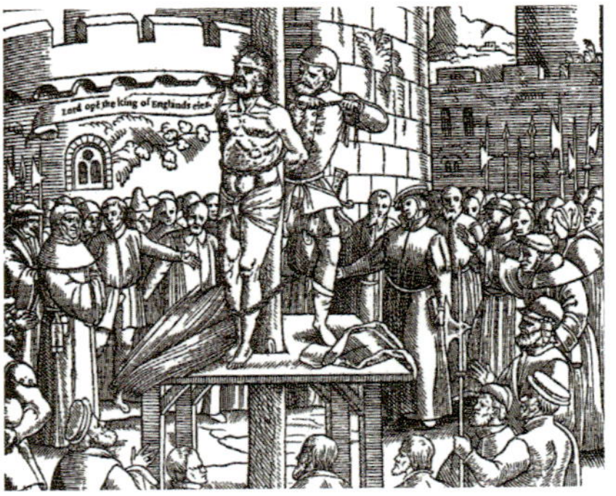

◀ **빌보르드에 세워진 윌리엄 틴들 순교 기념비** 주소는 Me-chelsesteenweg 23, 1800 Vilvoorde, Belgium이다.
▶ **존 폭스의 『순교자열전』에 수록된 윌리엄 틴들의 순교 장면** 틴들의 입에서 "주님, 영국 왕의 눈을 열어주소서."라는 말이 나오고 있다.
▼ **기념비에 적힌 "영국인 윌리엄 틴들을 기념하여."**

의 모든 성서는 틴들의 번역에 빚지고 있다. 1611년 제임스 1세 시대에 만들어진 킹제임스 성경KJV 역시 틴들의 번역에 기초하였다. 최근 모이나한Brian Moynahan 같은 학자는 킹제임스 성경에서 구약의 76%, 신약의 83%가 틴들의 번역과 일치한다고 분석하기도 했다. 이처럼 틴들의 성서는 후대의 영어 번역 성서의 모태와 같은 역할을 하였다.

틴들은 동료인 헨리 필립스Henry Phillips의 배신으로 인해 1535년 안트베르펜에서 체포되어 브뤼셀 근처 빌보르드Vilvoorde 성에 수감되었다. 잉글랜드의 토머스 크랜머의 중재에도 불구하고 결국 틴들은 1536년 10월 6일 화형을 당하였다. 그는 죽어가면서 다음의 말을 마지막으로 남겼다. "주님, 영국 왕의 눈을 열어주소서."

그의 간절한 기도는 얼마 지나지 않아 응답되었다. 1538년 영국 왕 헨리 8세가 모든 교회에 영어 성서를 비치하라는 법령을 공포한 것이다. 1539년 나온 헨리 8세의 공식 성서인 '대성서'Great Bible 또한 틴들의 번역에 의존하여 만들어졌다. 오늘날 빌보르드에는 틴들이 화형당한 장소 근처에 런던성서공회와 벨기에성서공회가 1913년 10월에 건립한 틴들 순교 기념비가 서 있다.

| 틴들에 대한 기억 |

현재 잉글랜드 국교회와 미국 성공회에서는 틴들의 순교일인 10월 6일을, 그를 기념하는 날로 지키고 있는데, 기념예배는 다음과 같은 기도로 시작된다. "주님, 하나님의 백성인 우리들이 하나님의 종 윌리엄 틴들을 좇아 하나님 말씀을 듣고 지킬 수 있도록 은혜를 베풀어주옵소서. 그리하여 우리가 하나님의 이름을 영화롭게 하기 위해서라면 복음을 입으로 고백할 뿐만 아니라 복음을 위해서 고난을 받고 죽는 자리에까지 갈 수 있게 하옵소서." 하나님의 말씀을 믿고, 고백하고, 살아낼 수 있도록 해달라는 간절함이 담겨 있다.

틴들 이야기는 수차례 영화로 제작되었다. 그에 관한 최초의 전기적 영화 〈윌리엄 틴들〉은 1937년에 제작, 상영되었다. 그리고 1986년에는 두 번째 영화 〈하나님을 위한 무법자: 윌리엄 틴들 이야기〉가 나왔다. 2005년에는 30분가량의 애니메이션 〈횃불을 든 사람: 윌리엄 틴들 이야기〉가

옥스퍼드 하트포트 칼리지 채플의 스테인드글라스

방문자 소 감

종교개혁 여정에서 묵상한 두 가지 키워드가 있다. 하나는 '희생'이고, 다른 하나는 '영향'이다. 두 단어는 인과관계에 있었다. 희생이 있어야 영향을 줄 수 있다. 수많은 종교개혁자의 삶을 건 희생과 투쟁은, 다른 종교개혁자들의 마음에 불씨를 지폈다. 밀알과 같은 삶을 살아야, 타인에게 진정한 영향력을 줄 수 있다는 사실을 다시금 느끼는 시간이었다.

- 주찬양

출시되기도 하였다. 그뿐만 아니라 다큐멘터리 형식으로도 틴들의 생애와 유산에 대한 소개가 여러 차례 이루어졌다. 미국의 PBS나 영국의 BBC에서 틴들의 이야기를 자세하게 다룬 바 있다.

현재 전 세계에는 틴들의 이름을 사용하는 다양한 기관이 있다. 케임브리지의 틴들하우스, 토론토의 틴들대학교와 신학교를 비롯하여 뉴질랜드, 네덜란드, 미국의 미시간과 루이지애나에도 틴들의 이름을 붙인 대학과 신학교가 있다. 미국의 틴들하우스도 틴들의 이름을 딴 기독교 출판사이다. 틴들의 모교인 하트포트 칼리지(틴들 당시에는 모들린 홀이었다.)의 채플에는 1911년 영국성서공회가 틴들을 기념하기 위해 만든 스테인드글라스가 있다. 이 작품 한복판에는 틴들의 전신상이, 그 아래에는 성서를 발행하는 인쇄소의 모습이 있고, 맨 위쪽의 좌우에는 창세기와 요한복음의 첫 문장이 각각 히브리어와 그리스어로 적혀 있으며, 틴들의 어록과 성서번역의 선구자들인 루터, 캐리, 모리슨 등의 이름이 기록되어 있다.

| 위클리프와 틴들은 나에게 무엇을 말하는가 |

첫째, 성서에 집중하고 충실하라고 말한다. 종교개혁은 "근본으로 돌아가자"ad fontes는 운동이다. 이때 '근본'이란 바로 신앙과 삶의 표준인 성서를 말하는 것이다. 그런데 우리가 근본으로 돌아가려면 하나님의 말씀인 성서를 읽고 이해할 수 있어야 한다. 그러나 중세 로마가톨릭교회의 성직자들은 자신들만 이해할 수 있는 라틴어 성서를 고집하며 민중의 언어로 성서를 번역하는 것을 가로막았다. 때문에 위클리프와 틴들은 모든 사람이 하나님의 뜻을 깨닫고, 그 뜻대로 살아갈 수 있도록 영어로 성서를 번역한 것이다. 위클리프는 성서를 영어로 번역한 최초의 개혁자였으며, 그 정신은 고스란히 틴들에게 이어졌다. 틴들이 성직자들과 논쟁하면서 "만일 하나님이 내 생명을 보존하신다면, 쟁기질하는 소년이 당신들보다 성서를 더 많이 알도록 만들 것입니다."라고 내건 약속은 그의 영어 성서번역으로 실현되었다. 위클리프와 틴들은 "오직 성서"라는 종교개혁의 정신을 온몸으로 보여준 증인이었다. 길을 잃었을 때 우리는 근본으로 돌아가야 한다. 성서에 집중하고 충실할 때 새로운 길이 열릴 것이다.

둘째, 선택의 순간에 진리의 편에 서라고 말한다. 어쩌면 그 길이 고난과 십자가의 길일지라도 그 편을 택하라고 호소한다. 프로테스탄트 종교개혁은 진리 편에 서서 거짓과 위선에 저항하는protest 정신이었다. 진리 편에 서는 일은 비록 힘들고 고통스러울 수 있지만, "의를 위하여 박해를 받은 자는 복이 있나니 천국이 그들의 것임이라"(마 5:10)라는 주님의 약속이 있는 길이다. 오늘날 500년 전처럼 눈에 보이는 박해는 없다고 할지라도 우리는 일상 속에서 개인적·사회적으로 수많은 선택의 기로에 서게 된다. 이 위기의 시대, 우리도 위클리프와 틴들을 따라 하나님의 말씀이 제시하는 그 길을 고집스럽게 걸어갈 수 있기를 간절히 기도할 뿐이다.

8

잉글랜드 종교개혁과 청교도의 탄생

잉글랜드 종교개혁은 16세기 국왕 헨리 8세의 이야기와 맞물려있다. 헨리 8세는 6명의 아내를 둔 왕으로 유명하다. 표면적으로 볼 때 잉글랜드 종교개혁은 헨리 8세의 이혼과 결혼을 둘러싸고 벌어진 일련의 과정에서 생겨난 부산물처럼 보인다. 헨리는 첫 번째 아내 스페인 아라곤의 캐서린Catherine of Aragon과 이혼하고 앤 불린Anne Boleyn과 결혼하려고 하면서 로마가톨릭교회와 갈등을 빚게 되었다. 그러다가 1534년 헨리 8세가 '잉글랜드 교회의 수장은 더 이상 교황이 아니라 잉글랜드의 왕'이라는 수장령Acts of Supremacy을 공포하면서 결국 잉글랜드와 로마가톨릭교회의 공적인 관계는 단절되었다.

그 후 잉글랜드는 로마가톨릭과 프로테스탄트의 각축장이 되었고, 헨리의 자녀들인 에드워드 6세, 메리 1세, 엘리자베스 1세를 거치면서 흔히 성공회Anglican Church라 불리는 잉글랜드 국교회Church of England가 등장하게 되었다. 필자는 여기서 잉글랜드 종교개혁 이야기를 연대기 순으로 자세히 소개하기보다는 그 과정에서 중요한 역할을 한 인물, 장소, 사건에 주목하고자 한다.

| 토머스 크랜머, 케임브리지의 인문주의자 |

토머스 크랜머Thomas Cranmer, 1489-1556는 잉글랜드의 개혁자로 헨리 8세, 에드워드 6세, 메리 1세 시대에 걸쳐 캔터베리의 대주교를 지낸 인물이다. 크랜머는 1489년 노팅엄셔의 애스록턴Aslockton에서 태어났다. 14세가 되던 1503년 그는 케임브리지의 지저스 칼리지에 진학하여 학사과정을 거쳐 1515년에 석사학위를 받았으며, 얼마 후에는 이 학교 교원자격을 얻게 된다. 이 무렵 크랜머는 조안Joan이라는 여자와 결혼하였으나, 첫 아이를 출산하는 과정에서 아내가 죽고 말았다. 1520년경에는 사제서품을 받았고, 1526년에는 신학박사학위를 취득하였다. 크랜머는 전통적으로 성서연구에 열심을 가졌던 인문주의자로 묘사된다. 이러한 성서연구를 통해 그는 당시 유럽에 널리 퍼져 있던 종교개혁사상을 받아들일 토양을 마련했다고 할 수 있다. 또한 그가 성서 여백에 남긴 난외주는 그가 에라스무스의 열렬한 추종자였음을 보여준다.

토머스 크랜머

케임브리지의 인문주의자 크랜머가 처음 접촉한 유럽 대륙의 개혁자는 스위스 바젤의 인문주의자 시몬 그리내우스Simon Grynaeus였다. 그는 그리내우스를 통해 스위스 종교개혁자들과 스트라스부르의 마르틴 부처Martin Bucer와도 관계를 맺었다.

1532년 1월 크랜머는 신성로마제국의 황제 카를 5세의 궁정에 거주하는 대사로 임명되었다. 이때 그는 뉘른베르크와 같은 독일 도시를 경험하면서 루터에 의해 촉발된 종교개혁의 영향을 목격하였다. 이 당시 뉘른베르크의 개혁자 오시안더Andreas Osiander를 만나 가까운 친구가 되었으며, 오시안더의 처조카였던 마르가레테Margarete와 재혼하게 된다. 이것은 그가 사제가 되면서 서약한 독신 서약을 파기하는 것이었기 때문에 모든 사람에게 놀라운 일이었다.

| 3대(헨리 8세, 에드워드 6세, 메리 1세)에 걸친 캔터베리 대주교 |

1532년 10월 크랜머는 갑작스럽게 캔터베리 대주교로 임명을 받고 잉글랜드로 돌아와 1533년 3월 30일 취임식을 가졌다. 그동안 크랜머는 하급의 성직만 맡아왔기 때문에 그가 잉글랜드 교회의 최고위직인 캔터베리 대주교로 임명된 것은 대단히 파격적인 인사 조치였다. 하지만 그에게는 이 자리에서 처리해야만 할 성가신 일이 기다리고 있었다. 헨리 8세는 이미 자신의 아이를 임신한 앤 불린과 공식적으로 결혼하기 위해 첫 번째 아내인 스페인의 캐서린과의 결혼 무효를 간절히 바라고 있었다. 당시 왕의 결혼을 무효로 만들기 위해서는 교황의 허락이 필요했는데, 교황은 자신의 강력한 후원 세력인 스페인의 비위를 거스르고 싶지 않았고, 또 캐서린의 조카인 황제 카를 5세의 눈치를 살펴야 했기 때문에 헨리 8세의 이혼요청을 승인할 수 없었다.

이런 상황에서 크랜머가 캔터베리 대주교로서 헨리 8세의 첫 번째 결혼이 성서적으로나 신학적으로 무효임을 선언함으로써 결과적으로 로마교황청과 잉글랜드 교회의 결별을 초래하였다. 그는 잉글랜드 교회에 대한 왕의 최고 권리를 지지함으로써 국왕 수위권의 이론적 토대를 제공하였다. 그러나 앤이 딸만 낳고 아들을 유산하게 되자 헨리 8세는 제인 시모어Jane Seymour에게 관심을 가지기 시작했고, 결국 앤은 런던 탑에 감금을 당했다가 1536년 5월 19일 간통, 근친상간, 반역이라는 모함 가운데 처형되었다. 이 과정에서도 크랜머는 헨리와 앤의 결혼 역시 무효임을 선언하는 일을 떠맡아야만 했다.

크랜머는 헨리와 제인의 아들인 에드워드 6세 치하에서도 캔터베리 대주교로서 잉글랜드 교회의 교리적 기초와 예전 구조를 확립하였다. 특히 에드워드 6세의 통치 시기에 크랜머가 작성한 『공동기도서』*Book of Common*

Prayer(『성공회기도서』라고도 불린다.)는 오늘날까지 잉글랜드 국교회의 예전 모델이 되고 있다. 『공동기도서』는 에드워드 6세 때인 1549년과 1552년 두 차례 출판되었고, 이후 엘리자베스 여왕의 통치 초기인 1559년, 제임스 1세 통치 시기인 1604년, 그리고 왕정 복구 후 찰스 2세 치하인 1662년에 개정 출판되었다. 『공동기도서』는 네 부분으로 이루어져 있는데 정기적 예배의 성찬예식과 매일 기도문의 예식들, 특별한 절기를 위한 예식들, 신자의 생애와 연관된 예식들, 교회축성이나 성직서품과 같은 주교에 의해 이루어지는 예식들로 구성되어 있다. 어떤 측면에서 성공회는 성서와 더불어 한 권의 책에 따라 예배드리는 교회라 말할 수 있는데, 그 책이 바로 『공동기도서』이다.

『공동기도서』(1662)의 표지

| 순교자인가, 기회주의자인가 |

에드워드 6세가 1553년 7월 6일 폐결핵으로 사망하자 제인 그레이Lacy Jane Grey가 9일 동안7월 10-19일 잠시 왕위에 올랐다가 곧바로 폐위되고, 헨리의 첫 번째 아내였던 캐서린의 딸 메리 1세가 왕위에 올랐다. '피의' 메리Bloody Mary가 왕위에 오르면서 강력한 로마가톨릭 정책이 펼쳐졌고, 수많은 프로

존 폭스의 『순교자열전』에 실린 토머스 크랜머의 순교 장면

테스탄트가 순교자의 반열에 오르게 되었다. 지금도 잉글랜드 각처에는 메리 시대에 순교한 사람들을 기념하기 위한 명패와 기념물이 세워져 있다.

마침내 크랜머도 동료인 휴 라티머Hugh Latimer, 니콜라스 리들리Nicholas Ridley 등과 함께 반역과 이단 죄목으로 재판을 받고 2년 이상 감금되었다. 뒤에 언급하겠지만, 라티머와 리들리는 1555년 10월 16일 화형을 당하였고, 크랜머는 혼자서 재판을 이어갔다. 이때 몇 차례 자신의 잘못을 인정하는 신앙 철회서撤回書에 서명하기도 했다. 그러다가 1556년 3월 21일 크랜머는 마지막으로 옥스퍼드의 대학교회에서 공개적으로 자신의 오류를 시인하고 신앙을 철회하라는 요청을 받고 설교단에 서게 되었다.

그런데 크랜머는 그 자리에서 자신이 이전에 손으로 썼던 철회서를 취소하면서 거기에 서명한 자신의 손이 먼저 불태워져야 한다고 선언하였다. 그러면서 "교황은 적그리스도이기 때문에 나는 그를 거부한다."라고 덧붙였다. 예기치 못한 발언으로 크랜머는 설교단에서 끌어내려졌고, 곧바로 6개월 전 라티머와 리들리가 화형을 당한 바로 그 장소로 끌려가 화형대에 세워졌다. 그는 약속대로 자신의 오른손을 "이 무가치한 손"이라 부르면서 화염 가운데 먼저 집어넣으며 "주 예수여, 내 영혼을 받아주소서. …내가 하늘이 열리고 예수께서 하나님 우편에 서 계신 것을 보나이다."라고 말하며 순교하였다. 결국 그는 로마가톨릭교회의 이단으로, 그리고 잉글랜드 종교개혁의 순교자로 생을 마감했다.

토머스 크랜머에 대한 평가는 매우 상반된다. 로마가톨릭교회 측 작가들은 그를 원칙이 없는 기회주의자로 묘사한다. 항상 권력자의 편에 서서 독재의 도구로 전락했다고 비난한다. 반면에 프로테스탄트 진영의 작가들은 크랜머를 지나치게 성인으로 미화하려는 경향을 보인다. 아마도 그 중간 어디쯤엔가 실제 크랜머가 있을 것이다. 분명한 것은 크랜머가 인간의 강점과 약점을 동시에 보여준 교회개혁자이자 동시에 헌신적인 학자였다는 사실이다. 그가 남긴 왕위 수위권 사상, 개혁적 신학과 실천, 『공동기도서』는 잉글랜드 교회의 방향을 정하는 기본적인 나침반이 되었다. 지금도 성공회와 루터교회에서는 크랜머가 순교한 3월 21일을 축일로 기념하고 있다.

| 런던의 스미스필드 광장 |

1555년 2월 4일 런던의 스미스필드Smithfield 광장에 성서번역가이자 프로테스탄트 설교자인 존 로저스John Rogers가 화형대에 섰다. 심문관이 마지막으로 자신의 오류를 시인하겠느냐고 물었다. 로저스는 자신이 설교한 것을 피로써 확증하겠다고 대답했다.

심문관: 그렇다면 너는 이단이다.

로저스: 마지막 심판 때에 밝혀질 것이다.

심문관: 좋다, 나는 너를 위해 기도하지 않겠다.

로저스: 내가 당신을 위해 기도하겠다.

존 폭스의 『순교자열전』에 실린 존 로저스의 순교 장면

메리 1세는 불과 5년 남짓의 통치 기간에 290여 명의 프로테스탄트 신자를 화형 등의 방법으로 처형하였다. 로저스는 메리의 통치 시대에 화형을 당한 첫 번째 순교자였다.

런던의 스미스필드 광장은 중세 시대 이후로 가장 널리 알려진 공개 처형 장소였다. 그중에서도 13세기 스코틀랜드 독립전쟁의 영웅 윌리엄 윌리스William Wallace의 이야기가 유명하다. 스코틀랜드의 스털링과 애버딘, 에든버러 같은 도시에 '스코틀랜드의 보호자' 윌리스의 동상이 세워져 있는 것을 볼 수 있지만, 정작 그가 죽임을 당한 곳은 런던의 스미스필드 광장이다. 윌리스는 잉글랜드에 대한 반역죄를 선고받고 1305년 8월 23일 스미스필드로 끌려와서 대역죄인에 해당되는 방식으로 처형을 당했다. 먼저 죽기 직전에 이르기까지 매달아 두었다가, 거세를 하고 내장을 꺼내고 참수를 한 후에, 네 조각으로 능지처참하는 형벌이었다. 이후 월리스는 시와 문학작품을 통해 자주 소개되었는데, 1995년 멜 깁슨이 주연한 영화 〈브레이브 하트〉Brave heart의 주인공이 바로 월리스이다. 지금도 스미스필드 광장에는 월리스의 죽음을 기념하는 명패가 붙어 있다.

16세기 메리가 집권한 후에 스미스필드에서는 이전 시대보다 훨씬 많은 사람이 순교의 제물이 되었는데, 이는 수십 명에 달한다. 프로테스탄트 신앙을 가진 많은 사람이 이곳에서 처형되거나 화형을 당했다. 이곳에서 나오는 비명과 살을 태우는 냄새가 주변을 진동시켰다고 한다. 스미스필드 광장 옆에는 스미스필드 시장이 있어 지금도 많은 사람이 그곳을 왕래하고 있지만, 정작 자신의 목숨을 내놓고 신앙을 지킨 사람들에 대해서는 너무도 무관심한 바쁜 발길들만이 오갈 뿐이다.

◀ **월리엄 월리스의 동상** 에든버러 성의 문을 지키고 서 있다.
▶ **월리엄 월리스 기념 명패** 주소는 W Smithfield, London EC1A, UK이다.

◀ **스미스필드의 순교자 기념물** 1870년 런던의 프로테스탄트 연합회에서 세운 이 기념물의 제일 위에 "순교자의 고귀한 군대가 주님 당신을 찬양하나이다."라는 문구가 적혀 있다.

▶ **스미스필드 순교비** 존 로저스, 존 브래드포드, 존 필팟의 이름이 적혀 있고, "1555, 1556, 1557년 그리스도에 대한 신앙을 지키고자 화형을 당했던 하나님의 종들을 기념하여"라는 문구가 보인다.

| 옥스퍼드의 순교자들 |

옥스퍼드에는 1555년과 1556년에 순교한 세 사람을 기념하는 순교기념탑이 서 있다. 이 기념탑은 캔터베리의 대주교 토머스 크랜머, 우스터의 주교 휴 라티머, 런던의 주교 니콜라스 리들리의 순교 300주년을 기념하여 조지 스코트George Gilbert Scott가 디자인한 것이다. 앞서 크랜머에 대해서 자세히 살펴보았기 때문에 여기서는 나머지 두 사람에 대해 간략히 소개하고자 한다.

휴 라티머c.1487-1555는 레스터셔 주의 서캐스톤Thurcaston에서 태어났지만, 출생 연대는 명확하지 않다. 그의 생애에서 정확한 연대를 확인할 수 있는 가장 이른 사건은 1510년 2월 2일 그가 케임브리지 대학교 클레어 칼리지의 연구원으로 선출된 것이다. (오늘날 클레어 칼리지에는 라티머의 이름이 붙은 홀이 있다.) 라티머는 1514년 석사학위를 취득했고, 1515년 사제서품을 받았으며, 1522년 대학의 설교자로 임명되었다. 이때까지만 해도 라티머는 자신을 스스로 "잉글랜드에 있는 여느 사람처럼 완고한 교황주의자"로 묘사하였다. 그의 태도에 변화가 생긴 것은 토머스 빌니Thomas Bilney와 로버트 반스Robert Barnes 같은 개혁 그룹의 동료들을 만나면서부터였다. 이후로 라티머는 영어 성서번역의 필요성을 공개적으로 언급하기 시작했다.

1535년 라티머는 우스터의 감독으로 임명되었다. 이후 그는 개혁적인 목소리를 내기 시작했다. 1539년에는 헨리 8세의 6신조를 공개적으로 반대했고, 이 때문에 감독직을 내놓고 런던 탑에 갇혀야만 했다. 에드워드 6세가 왕위에 오르면서 라티머는 복권되었고, 궁정설교자가 되면서 더욱 프로테스탄티즘을 지지하는 방향으로 나아갔다. 그는 미사에서 그리스도의 육체적 임재, 화체설, 미사를 공로로 간주하는 것이 모두 비성서적인 잘못이라고 가르쳤다. 그

▲ **옥스퍼드 순교자 기념탑 중 크랜머의 동상** 다른 측면에 라티머와 리들리의 동상도 있다. 주소는 13 Magdalen St, Oxford OX1 3AE, UK이다.
▼ **국립초상화미술관에 있는 휴 라티머의 초상화**

러나 에드워드가 죽고 로마가톨릭주의자인 메리가 왕위에 오르면서 라티머는 투옥되었고, 결국 1555년 10월 16일 리들리와 함께 옥스퍼드에서 화형당했다. 성공회에서는 라티머와 리들리의 순교일인 10월 16일을 이들의 축일로 기념하고 있다. 마지막 순교의 순간 라티머는 "하나님께서 내 인생을 여기까지 인도해주셨음을 진심으로 감사드립니다. 나는 기꺼이 죽음으로써 하나님을 영화롭게 할 것입니다."라고 고백하였다.

니콜라스 리들리c.1500-1555는 런던과 웨스트민스터의 감독이었으며, 에드워드 6세 후임으로 제인 그레이를 옹호했고, 메리의 박해 때는 개혁사상을 지지했다는 이유로 옥스퍼드에서 라티머와 함께 화형을 당하였다. 리들리는 노섬벌랜드 주 남부지역의 유력한 가문에서 태어나 뉴캐슬의 왕립문법학교와 케임브리지의 펨브룩 칼리지에서 수학하였다. 1525년 펨브룩에서 석사학위를 받은 후 곧바로 사제서품을 받았으며, 그 후에 파리의 소르본느로 가서 학문을 이어갔다. 1529년 잉글랜드로 돌아온 리들리는 1534년에는 케임브리지 대학교의 학생감學生監이 되었다. 이 무렵 교황의 수위권에 대한 논쟁이 벌어졌는데, 성서해석학에 정통했던 리들리도 이 논쟁에 관여하여 '로마의 감독'교황은 더 이상 잉글랜드에서 특별한 권위나 사법권을 지니지 못한다고 주장

국립초상화미술관에 있는 니콜라스 리들리의 초상화

하였다. 리들리는 1537년 신학사학위를 받았고, 당시 캔터베리의 대주교인 토머스 크랜머를 돕는 목회자로 임명되었다. 1541년에는 신학박사학위를 취득하였으며, 1547년 로체스터의 감독이 되면서 그는 자기 관구에 속한 교회들에서 미사의 제단altar을 없애고 성만찬의 상table으로 대체하였다. 1548년에는 크랜머를 도와 『공동기도서』를 편찬하였다. 1550년 리들리는 런던과 웨스트민스터의 감독으로 임명되었다.

1553년 6월 17일 에드워드 6세는 자신의 병이 깊어 더 이상 시간이 없음을 알고 유언을 남기면서 자신의 이복 누나인 메리가 아니라 오촌 조카인 제인 그레이를 후임으로 지명하였다. 리들리는 메리와 엘리자베스가 서자이니 왕의 유언에 따라 제인 그레이가 왕위를 이어야 한다고 서명하였다. 그러나 결국에는 메리가 왕위를 잇게 되었고, 제인 그레이를 비롯하여

◀ **존 폭스의 『순교자열전』에 수록된 휴 라티머와 니콜라스 리들리의 순교 장면** 크랜머는 탑 위에서 이 과정을 강제로 지켜보아야만 했다.

▶ **옥스퍼드의 St. Michael at the North Gate 교회에 있는 감옥문** 옥스퍼드의 세 순교자가 이 문을 통해 화형장으로 끌려갔다.

◀ **발리올 칼리지 앞의 도로에 표시된 순교 장소** 옥스퍼드 캠퍼스 스토어(9 Broad St, Oxford OX1 3AJ) 바로 앞에 있다.
▶ **브로드 가의 십자가 표석** 이곳에서 라티머, 리들리, 크랜머가 화형을 당했다.

서펵의 공작인 제인의 아버지 헨리 그레이와 연루자들이 체포되어 목숨을 잃게 되었다. 리들리도 이로 인해 런던 탑에 갇혔다. 1554년 추밀원국왕을 위한 자문단은 캔터베리의 대주교인 크랜머를 비롯하여 리들리와 라티머를 옥스퍼드의 보카르도Bocardo 감옥으로 이감하였고, 거기서 세 사람에 대한 이단 심문을 벌였다. 리들리는 라티머와 함께 1555년 10월 16일 화형을 당했고, 크랜머는 1556년 3월 21일 같은 장소에서 화형을 당했다. 옥스퍼드의 브로드 가街에 있는 십자가 표석이 바로 리들리, 라티머, 크랜머가 화형당한 지점을 표시해준다.

방문자 소감

나는 대학가를 걷던 도중 길을 잃었다. 당황해서 무리를 찾고 있던 와중에 길을 잃은 또 다른 2명의 일행을 만났다. 팀원들에게 피해를 끼친 것 같은 미안한 마음과, 외딴 곳에서 길을 잃었다는 두려움을 공유하며 그렇게 우리는 길을 찾아 나섰다. 시간이 지나도 길을 찾지 못해서 불안함이 커져만 가던 그때, 드디어 길을 찾아 팀원들을 만날 수 있었다. 우리는 두려움을 함께 했던 서로를 위로하며 그렇게 일행을 찾았다는 안도감에 젖어들었다.

개혁자들이 걸었던 길은 어땠을까 상상하고 가늠해본다. 옳다고 여기는 길을 걷겠노라고 다짐했던 순간, 그리고 마주한 수많은 어려움과 이 길이 맞는지 되뇌었을 순간들, 그럼에도 함께 이 길을 걷는 이들이 있음을 확인하며 힘을 냈던 순간들까지. 그들이 통과한 문은 진실로 좁은 문이며, 그들이 걸은 길은 참으로 좁은 길이다. 삶을 내던지고, 죽음까지도 바친 종교개혁자들의 그 길. …지금, 여기에서 그들이 걸었던 예수의 길은 어디에 있는지 나는 다시 묻는다.

- 송수영

| 리들리와 후퍼의 제의 논쟁 |

1550년 잉글랜드 교회 안에서 성직자가 착용하는 옷, 즉 제의祭衣를 둘러싼 격렬한 논쟁이 일어났다. 논쟁의 계기는 존 후퍼John Hooper가 제공하였다. 후퍼는 헨리 8세 통치기에 취리히에 머물다가 에드워드 6세가 즉위하자 1548년 잉글랜드로 귀환한 인물이다. 취리히의 개혁자 하인리히 불링거Heinrich Bullinger에게 많은 영향을 받은 후퍼는 1550년 2월 에드워드 6세 앞에서 사순절 설교를 했는데, 캔터베리 대주교 크랜머가 만든 『공동기도서』의 성직수임예식에서 성직자가 서약할 때 "모든 성인"all saints을 언급하는 것과 서품을 받는 자들이 중백의中白衣, surplice와 긴 외투를 입고 참여하는 것에 대해 분명하게 반대하였다. 후퍼는 이런 관습이 유대교와 로마가톨릭의 흔적에 불과하며, 성경적 근거도 없을뿐더러 초대교회의 전통에도 어긋나는 것이라고 주장하였다.

실제로 후퍼는 1550년 글로스터의 감독으로 임명받았지만, 성인들의 이름으로 서약하는 것과 제의를 입고 임직을 해야 하는 것 때문에 감독직을 거절하였다. 국왕 에드워드 6세는 후퍼의 요구사항을 수용하였지만, 추밀원은 그렇지 않았다. 1550년 5월 15일 추밀원과 후퍼 사이에 일종의 타협이 이루어졌다. 제의는 '아디아포라' 곧 신앙에 있어서 비본질적인 문제로 간주되었고, 후퍼는 제의를 입지 않고 임직할 수 있지만 다른 사람들이 제의를 입는 것은 묵인하기로 하였다.

그리하여 캔터베리 대주교 크랜머는 런던의 감독인 리들리에게 후퍼의 성직수임을 진행하도록 맡겼는데, 리들리는 『공동기도서』의 성직수임예식을 따르지 않는다면 진행할 수 없다고 거부하였다. 리들리와 후퍼 사이에는 보이지 않는 팽팽한 긴장이 있었다. 헨리의 통치 시기에 잉글랜드 내에서 끝까지 자신의 자리를 지키면서 교회개혁을 추진해온 사람과 자신의 안위를 위해 쉽게 고국을 버리고 해외로 망명하여 보다 급진적인 개혁사상을 경험하고 온 사람 사이에 보이지 않는 벽이 존재했던 것이다.

이리하여 리들리와 후퍼 사이에 신랄한 논쟁이 벌어졌다. 리들리는 단지 제의가 문제가 아니라 교회의 질서와 권위를 유지해야 함을 강조하였다. 후퍼는 제의를 입는 것은 마치 성직자가 제사장인 것처럼 보이도록 만들어 결국 그리스도의 대제사장직을 모호하게 만드는 위선과 미신일 뿐이라고 주장하였다. 제의 논쟁은 잉글랜드 종교개혁에서 처음으로 나타난 개혁진영의 분열이었다.

후퍼는 이제 더 이상 제의가 아디아포라, 즉 비본질적인 문제가 아니라고 주장하였다. 그리고 어떤 주제가 비본질적인 문제가 되려면 적어도 다음의 네 가지 조건을 충족해야 한다고 주장하였다. 첫째, 비본질적 문제라는 사실이 성서에 명시되어 있든지, 아니면 적어도 암시되어 있어야 한다. 둘째, 비본질적 문제는 개인의 판단에 맡겨야 한다. 만일 강요된다면 그것은 더 이상 비본질적인 문제가 아니다. 셋째, 비본질적인 문제의 유용성은 실제로 증명되어야지 임의로 도입되어서는 안 된다. 넷째, 비본질적인 문제는 사도적이며 복음적인 방식으로 교회에 소개되어야지 독재적인 방식으로 강압되어서는 안 된다. 리들리는 후퍼의 주장에 조목조목 반론을 제기하며 치열하게 논쟁하였다.

| 글로스터의 순교자 존 후퍼 |

존 후퍼c.1495-1555는 원래 로마가톨릭교회의 시토회 수사였다가, 츠빙글리의 작품과 불링거의 주석을 통해 프로테스탄트 신앙으로 회심한 것으로 보인다. 회심 후 그는 1544년경 유럽 대륙으로 피신하여 취리히로 갔다. 1547년 초 스트라스부르를 방문했을 때 벨기에 출신의 안Anne de Tserclaes과 결혼하였다. 대륙에 머물면서 후퍼는 불링거뿐만 아니라 마르틴 부처, 테오도르 비블리안더, 시몬 그리내우스, 콘라트 펠리칸, 얀 라스키요하네스 아 라스코와도 교류하였다. 후퍼는 1549년에 잉글랜드로 돌아와 잉글랜드에서 개혁교회 프로테스탄티즘의 대표자가 되었고, 글로스터Gloucester와 우스터Worcester의 감독을 지냈다.

존 후퍼

그렇지만 잉글랜드 내에서

▲ 존 폭스의 『순교자열전』에 수록된 존 후퍼의 순교 장면
▼ 글로스터 성 메리 광장에 있는 존 후퍼의 순교 기념비

급진적인 프로테스탄티즘의 옹호자인 후퍼가 메리 여왕의 박해를 피할 수는 없었다. 후퍼는 체포되어 이단으로 정죄를 받았고, 결국 1555년 2월 9일 글로스터에서 자신의 논적이던 리들리보다 먼저 화형을 당함으로써 순교의 제물이 되었다. 후퍼의 신학적인 견해는 이후 엘리자베스 시기 청교도에게 상당한 영향을 미쳤다.

| 엘리자베스 시대 청교도의 탄생 |

헨리 8세가 잉글랜드 교회를 로마가톨릭교회로부터 분리시킨 이후 교회는 방향을 잡지 못하고 혼란을 겪었다. 에드워드 6세 때에는 친親프로테스탄트 쪽으로, 메리 1세 때에는 정반대로 로마가톨릭 쪽으로 기울었다. 그 와중에 많은 사람이 희생을 당하였다. 따라서 1558년 엘리자베스가 왕위에 오른 후 그녀는 잉글랜드 교회의 내분을 종식시키고 교회와 국가를 안정적으로 통일시키기를 원했다. 따라서 엘리자베스는 '통일령'이라는 법안을 통해 잉글랜드 교회는 로마가톨릭이나 프로테스탄트의 길이 아니라 '중도의 길'via media을 갈 것을 천명하였다. 그리하여 소위 '성공회'라고 불리는 잉글랜드 국교회가 출발하게 되었다.

하지만 중도의 길은 결코 쉬운 것이 아니었다. 로마가톨릭교회는 엘리자베스의 정책이 결국 로마교회를 배신하는 수순이라며 엘리자베스를 파문하였다. 프로테스탄트는 엘리자베스의 타결 정책이 어정쩡한 타협에 불과하다며 잉글랜드 교회 안에 남아 있는 로마교회의 잔재를 깨끗하게 제거해야 한다고 주장하였다. 이들을 가리켜 '청교도'puritan라고 불렀다. 이렇게 하여 엘리자베스 시대 이후 17세기 말에 이르기까지 로마가톨릭, 성공회, 청교도 사이에서 계속적인 갈등과 논쟁이 이어졌다.

9

청교도, 그들은 누구인가

| 청교도의 등장 |

청교도란 16-17세기 잉글랜드의 교회개혁 과정에서 보다 철저한 개혁을 주장한 개혁파 프로테스탄트를 일컫는 용어이다. 청교도의 출발 시점에 대해서는 다소 이견이 있기는 하지만 대체로 엘리자베스 통치기에 하나의 집단으로 등장했다는 데 의견이 모아진다. 1558년 엘리자베스 1세가 왕위에 오르자 프로테스탄트 신도들은 그녀가 로마가톨릭주의자였던 언니 메리와는 달리 어머니 앤 불린의 영향을 받아 프로테스탄트에 우호적이었기 때문에 앞으로 친親프로테스탄트 정책이 펼쳐질 것이라는 희망을 품었다.

그러나 엘리자베스는 로마가톨릭과 프로테스탄트 어느 쪽으로도 치우

엘리자베스 1세 1588년 스페인의 무적함대를 무찌르고 승리한 것을 기념한 그림으로 지구본 위에 놓인 엘리자베스의 손이 그녀의 권력이 온 세상에 미치고 있음을 상징적으로 보여준다.

치지 않는 중도의 입장에서 잉글랜드를 통합하겠다며 1559년에 '통일령', 소위 '엘리자베스의 타결정책'Elizabethan Settlement을 내놓았다. 그러자 이에 실망을 금치 못한 프로테스탄트들은 엘리자베스가 추구하는 중도적인 잉글랜드 국교회에 대한 반대와 거부 운동에 나섰다. 이들은 잉글랜드 교회 안에 여전히 남아 있는 로마가톨릭의 예식과 교리를 깨끗하게 청소하고, 순수하고 정결한 교회를 만들어야 한다고 주장했기 때문에 이후 청교도Puritan라 불리게 된다. 토머스 풀러Thomas Fuller에 따르면 '청교도'라는 용어는 1564년에 엘리자베스 시대의 캔터베리 대주교 매튜 파커Matthew Parker가 처음 사용하였다.

| 청교도를 가리키는 용어들 |

청교도를 지칭하는 여러 용어를 살펴보면 사람들이 이들을 어떻게 바라보았는지, 그리고 이들은 스스로를 어떻게 생각했는지 짐작할 수 있다. 16세기 후반에 이들은 '청결을 주장하는 자들'puritans 혹은 '까탈스러운 자들'precisians이라 불렸다. 사실 이런 칭호는 긍정적인 호칭이라기보다는 경멸의 의미가 담긴 비난의 꼬리표였다. 잉글랜드 교회 측에서는 이들이 교회의 정화를 주장하면서 계속해서 트집을 잡고 까탈을 부리는 것으로 보였기 때문에 그렇게 부른 것이다. 하지만 정작 청교도들은 자신들이 '경건한 사람들'the godly 혹은 '가시적 성도들'visible saints이라 불리기를 원했다. 하나님 말씀의 원리에 따라 모든 영역에서 거룩하고 경건하게 사는 사람들이기를 소망하던 이들의 바람이 담긴 용어들이다.

16-17세기의 상황에서 이들은 '비국교도'dissenters 혹은 '비순응자'non-conformists로 불리기도 했다. 잉글랜드 국교회의 상황과 방향성에 만족하지

못하고 순응하지 못하는 사람들이라는 의미이다. 이 때문에 청교도 중 일부는 잉글랜드 교회를 포기하고 새로운 길을 찾아나서는 분리파separatists가 되었다.

현대의 독자들은 청교도라는 말을 들을 때면 삶의 즐거움을 모르고 웃지도 않는 근엄하고 엄격한 사람killjoys을 떠올린다. 실제로 영어 단어 'puritan'은 청교도라는 의미와 함께 '근엄한 사람', '엄격한 사람'이라는 뜻도 담고 있다. 하지만 사실 청교도들도 삶을 즐길 줄 아는 보통 사람이었다. 단지 이들은 하나님이 정해주신 한계 안에서 삶을 누리기를 원했다. 예를 들면 성性적인 쾌락을 부정하는 것은 아니지만 결혼과 가정 안에서만 그것을 누리기를 원했다.

| 엘리자베스 1세 시대(1558-1603)의 청교도 |

엘리자베스 시대의 잉글랜드 교회는 전반적으로 개혁적인 방향을 지향하고 있었다. 엘리자베스 시대의 첫 번째 캔터베리 대주교인 매튜 파커Matthew Parker, 재임 1559-75는 마르틴 부처의 유언 집행인이었고, 두 번째 대주교인 에드먼드 그린달Edmund Grindal, 재임 1575-83은 부처의 장례식 운구위원이었다. 그만큼 개혁적인 성향의 인물들이 잉글랜드 교회를 대표하고 있었다. 하지만 엘리자베스는 정치사회적인 내부결속을 다지기 위해 충분히 개혁적인 조처들을 취하지 못하고 어정쩡한 중도의 길에 머물렀다. 이러한 엘리자베스의 종교정책에 불만을 제기하면서 "한 걸음 더 나아간 개혁"further reform을 주장한 사람들이 있었다. 이것이 이후 청교도운동으로 알려졌다.

한 걸음 더 나아간 개혁의 내용으로는 성인의 축일을 줄이고, 제의祭衣를 벗고, 성만찬에서 무릎 꿇는 일을 멈추고, 신생아에 대한 비상세례를 폐지하고, 교회에서 오르간을 제거하는 일 등이 포함되었다. 1559년 엘리자베스가 새롭게 개정한 『공동기도서』*Book of Common Prayer*에도 여전히 대륙의 종교개혁자들이 폐기한 위와 같은 예식들이 유지되고 있었기 때문이었다. 엘리자베스 통치 직전 메리 1세의 박해시기에 대략 800명의 프로테스탄트가 망명길에 올라 독일과 스위스 등에 피신하여 자신들의 교회공동체를 만들었는데, 그중 존 녹스John Knox가 목회하던 프랑크푸르트 교회가 『공동기도서』 대신에 제네바의 예식에 기초한 『공동예식서』*Book of Common Order*를 만들어 사용한 것도 이런 맥락에서이다.

| 카트라이트-위트기프트 논쟁 |

1570년경 일어난 세 가지 사건은 프로테스탄티즘의 강화를 불러왔다. 첫째는 잉글랜드 북쪽 지역에서 몇몇 백작이 로마가톨릭교회로 돌아갈 것을 요구하며 반란을 일으킨 것이고, 둘째는 교황 피우스 5세가 로마가톨릭 신자들을 대상으로 엘리자베스에게 복종할 의무가 없다는 교서를 반포한 것이며, 셋째는 엘리자베스를 폐위시키고 대신 스코틀랜드의 메리를 왕위에 앉히려는 로베르토 리돌피Roberto Ridolfi의 음모가 발각된 것이다. 이와 같은 로마가톨릭의 반역 책동에 대응하여 잉글랜드는 몇 가지 조치를 취하였다. 모든 성직자는 39개 조항에 서명해야 했고, 모든 평신도는 적어도 1년에 한 번은 『공동기도서』의 예식에 따라 성만찬을 받아야 했으며, 여왕을 이단이라거나 분파주의라고 떠벌리는 것은 반역죄로 간주되었다.

이런 일련의 사건들로 인해 로마가톨릭 진영은 수세에 몰렸고 친親프로테스탄트적인 분위기가 무르익었다. 이런 상황에서 카트라이트-위트기프트 논쟁이 일어났다. 먼저 케임브리지 대학의 교수였던 토머스 카트라이트

Thomas Cartwright가 1570년 사도행전에 대한 일련의 강의에서 감독제도의 폐지와 장로제도의 시행을 요구하였다. 반면 당시 이 대학 부총장이었던 존 위트기프트John Whitgift는 이에 반대하여 1571년 카트라이트의 교수직을 박탈하였다.

▲ 토머스 카트라이트
▼ 존 위트기프트

이런 상황 속에서 1572년 런던의 성직자인 토머스 윌콕스Thomas Wilcox와 존 필드John Field는 『의회에 보내는 권고』*An Admonition to the Parliament*를 작성하여 청교도주의를 표방하였다. 이들은 잉글랜드 교회가 개혁된 교회로부터 너무 멀리 떠나왔다고 지적하면서, 감독제를 폐지하고 장로제로 대체할 것과 『공동기도서』에 담겨있는 교황주의의 잔재와 미신을 폐지할 것을 주장하였다. 그러자 위트기프트는 이 권고를 비판하는 『대답』*Answer to the Admonition*으로 응수하였고, 이번에는 이에 대응하여 카트라이트가 『응답』*Reply to an Answer*을 통해 위트기프트에게 반격을 가했다. 카트라이트는 로마가톨릭과 잉글랜드 국교회의 위계질서를 비판하면서 목회자 사이의 동등성을 강력하게 옹호하였다. 카트라이트는 『두 번째 응답』*Second Reply*에서 더욱 강력한 어조로 성직자의 위계는 하나님의 법을 어기는 것이라고 비판하였다. 그는 올바르게 개혁된 교회라면 칼뱅이 말한 사중 직제, 즉 목사, 장로, 교사, 집사의 직무를 보존해야 하며, 장로제도와 노회제도가 하나님의 법이라고 주장하였다.

| 마르프릴레이트 소책자 |

1583년 존 위트기프트가 캔터베리의 대주교가 되었다. 그는 교회정치 체제가 신앙의 비본질적인 문제, 즉 어떤 것을 택해도 크게 상관없는 '아디아포라'adiaphora라고 믿었다. 따라서 각 교회가 처해있는 상황에 맞게 적절한 교회정치 형태를 취하면 된다고 보았다. 그렇지만 잉글랜드 교회는 왕정 체제 안에 있으므로 교회가 감독정치 체제를 취하는 것이 가장 바람직하다고 강변하였다.

그런데 1588-89년 마르틴 마르프릴레이트Martin Marprelate라는 가명으로 감독제도에 반대하는 소책자들이 연속적으로 출판되었다. 이 책자들은 감독을 적그리스도의 대리인이라 규정했다. 위트기프트와 그의 측근인 리처드 뱅크로프트Richard Bancroft는 이것을 청교도의 소행으로 확신하고 그들을 탄압하는 정책을 펼쳤고, 이로 인해 수많은 청교도가 투옥되었다. 마르프릴레이트 소책자가 등장한 이후 청교도주의에 대한 탄압이 강화되자 청교도는 두 가지 서로 다른 방향을 모색하였다.

첫째, 일부 청교도들은 로버트 브라운Robert Browne을 추종하면서 잉글랜드 교회로부터의 분리를 결행하였다. '브라운주의자'로 알려진 이들은 1580년대 이후 잉글랜드 교회를 떠나서 네덜란드로 향하였다. 존 그린우드John Greenwood와 헨리 배로우Henry Barrowe 같은 사람은 분리주의를 조장했다는 이유로 처형까지 당했다. 네덜란드로 피신한 사람들은 이후 신대륙인 뉴잉글랜드로 향하는 순례자들Pilgrims이 된다.

둘째, 1590년대 잉글랜드에 남은 청교도들은 자세를 낮추고 운동의 방향을 수정하였다. 이제는 구조와 체제의 개혁보다는 개인적인 거룩함에 초점을 맞추었다. 이 시기 청교도는 점차로 스스로를 '경건한 사람들'the godly로 인식했으며, 잉글랜드 교회에 속한 사람들과는 또렷하게 구별되어야 한다고 인식하였다. 이들은 1570년부터 시작된 청교도의 성서연구모임conventicle에 열심이었다. 매주 열린 성서연구모임은 취리히의 프로페차이prophezei와 제네바의 콩그레가시옹congrégation을 잇는 개혁교회의 특징적인 전통이다.

| 제임스 1세 시대(1603-25)의 청교도 |

후사가 없이 엘리자베스가 죽자 튜더 왕조는 막을 내리게 되었고, 스코틀랜드의 제임스 6세가 잉글랜드의 제임스 1세로 왕위를 이어받으면서 스튜어트 왕조가 시작되었다. 청교도들은 장로교의 나라인 스코틀랜드에서 온 제임스 1세에게 기대를 품고 1603년 잉글랜드 교회의 개혁 청사진을 담은 '천 명의 청원'Millenary Petition을 제출하였다. 이에 제임스 1세는 1604년 햄프턴코트 회담을 개최하여 토론을 벌였으나, 결국은 엘리자베스의 종교 화합정책의 기조를 유지하는 방향을 선택함으로써 청교도들의 기대를 저버렸다.

1605년 로마가톨릭 신도들이 제임스 1세를 암살하려고 시도했던 화약음모Gunpowder Plot가 발각됨으로써 청교도들의 목소리가 다소 힘을 얻기는 했지만, 제임스 1세의 중도 화합정책은 계속 유지되었다. 청교도는 잉글랜드 교회 안에 여전히 남아 있는 로마가톨릭교회의 잔재를 강하게 반대하였다. 특히 『공동기도서』의 사용, 제의 착용, 세례받을 때 십자가 성호를 긋는 것, 성만찬을 받을 때 무릎을 꿇는 것, 감독제도 등에 반발하였다. 제임스 1세는 청교도의 요구를 일부 받아들여 예전에서의 사소한 변화를 허용하였으며, 새로운 공인 성서번역이 필요하다는 그들의 제안을 받아들여 성서번역에 착수해 1611년 『킹제임스 성경』King James Version이 출판되었다.

제임스 1세

제임스 1세 시기에 일어난 주일성수 논쟁도 청교도와 잉글랜드 국교회의 갈등을 보여주는 주제이다. 청교도는 주일은 온전히 하나님께 예배해야 하는 날이라고 믿었기 때문에 주일성수에 대해 매우 엄격한 자세를 견지하고 있었다. 그래서 주일에는 예배와 구제 외에 재미를 추구하는 어떤 일도 탐닉해서는 안 된다고 생각했다. 그런데 제임스 1세가 1618년 〈스포츠 선언〉Declaration of Sports을 통해 양궁을 비롯한 일부 종목의 스포츠 활동은 주일에도 허용할 수 있다고 발표를 하였다. 이것은 제임스 1세와 청교도 진영 사이에 갈등을 증폭시키는 계기가 되었다. 이후 제임스 1세의 아들인 찰스 1세가 1633년에 스포츠 선언을 재천명하기도 하였다.

이런 갈등으로 인해 소수의 분리파 청교도들은 개혁신앙에 따른 새로운 잉글랜드를 설립하기 위해 신대륙으로 떠났다. 1620년 네덜란드에서 출발한 청교도들과 합류해 잉글랜드의 플리머스Plymouth를 떠나 메이플라워호

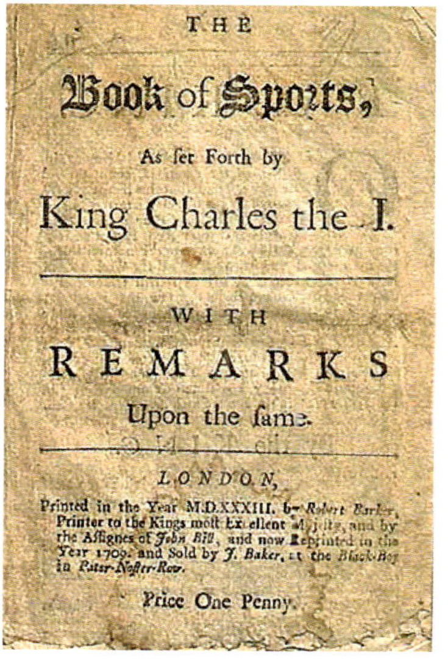

◀ 『킹제임스 성경』 초판(1611)의 표지
▶ **스포츠선언** 찰스 1세 때에 출판된 1633년판을 재발행한 것이다.

Mayflower를 타고 대서양을 건너 뉴잉글랜드에 도착한 필그림 파더스Pilgrim Fathers가 바로 그들이다. 이들에 관한 자세한 이야기는 이 책 11장에서 다루고 있다.

| 찰스 1세 시대(1625-49)의 청교도 |

찰스 1세 시대에 이르러 청교도는 단지 종교적인 차원의 운동이 아니라 정치세력으로 등장하였다. 찰스 1세는 왕권신수설王權神授說을 주창하면서 더욱 로마가톨릭적인 방향으로 선회하였고, 의회를 중심으로 한 청교도 세력은 국왕에게 반대하며 맞섰다. 이에 찰스는 1629년 의회를 해산하고,

찰스 1세를 삼면에서 그린 초상화

1633년에는 청교도를 반대하는 엄격주의자 윌리엄 로드William Laud를 캔터베리 대주교로 임명하는 등 대결적인 조치를 취하였다.

로드는 철저한 강압정치로 왕의 권위를 지키고자 청교도들에게 가혹한 박해를 가하였다. 그는 법의 준수를 내세우며 청교도의 귀나 코를 자르는 형을 집행하였고, 얼굴에는 '선동적 비방자'Seditious Libeller라는 의미의 'SL'을 새겨 넣었다. 청교도 윌리엄 프린William Prynne도 로드에 의해 귀가 잘리고 뺨에 SL이 새겨졌는데, 그는 이것을 "로드의 스티그마"Stigmata Laudis라 부르며 로드가 자신에게 남긴 거룩한 흔적으로 해석하였다.

그런데 스코틀랜드와 전쟁을 시작하면서 찰스 1세는 전쟁자금 승인을 위해 의회 해산 11년 만인 1640년 4월에 의회를 소집하지만, 3주 만에 다시 해산하고 만다. 이것을 '단기 의회'라 부른다. 그러나 곧 전쟁자금의 의회 승인이 불가피해지자 1640년 11월에 다시 의회가 열렸고, 중간에 잠시

윌리엄 로드

윌리엄 프린

중단되기도 했지만 1660년까지 지속되었기에 이를 '장기 의회'라 부른다. 장기 의회가 개회하자 바로 1640년 12월 11일 잉글랜드 교회를 뿌리부터 가지까지 철저하게 개혁할 것을 주장하는 '뿌리와 가지 청원'Root and Branch Petition이 의회에 제출되었고, 1641년 12월에는 의회의 청교도들이 국왕 찰스에게 '대大항의서'Grand Remonstrance를 발송하였다.

청교도는 대항의서에서 캔터베리의 대주교 윌리엄 로드의 투옥을 요구했다. 아치볼드 암스트롱Archibald Armstrong은 동음이의어同音異義語를 사용하여 국왕 찰스에게 "주님Lord께 큰 영광을 돌리고, 마귀에게 비열한 로드Laud를 주라."Give great praise to the Lord, and little Laud to the devil라고 강권하였다. 결국 무소불위의 권력을 지녔던 로드는 런던 탑에 수감되었으며, 1645년 1월 10일 타워힐에서 참수를 당하였다. 역사학자 패트릭 콜린슨Patrick Collinson은 "로드는 잉글랜드 교회에 찾아온 최악의 재난이었다."라고 평가하였다.

| 내전과 웨스트민스터 회의 |

잉글랜드의 종교적·정치적 갈등은 마침내 1642년 8월 찰스 중심의 왕당파와 청교도 중심의 의회파 사이의 내전으로 이어졌다. 왕당파는 국교회주의를 옹호하였고, 의회파는 청교도주의를 지지하였다. 내전 와중에 청교도 지도자들의 회합인 웨스트민스터 회의1643-49가 개최되었다.

1643년 잉글랜드 청교도와 스코틀랜드 언약도 사이에 장로회 정치체제와 교리를 담은 '엄숙 동맹과 언약'Solemn League and Covenant이 맺어졌고, 스코틀랜드8월 17일와 잉글랜드9월 25일 의회 모두 이를 승인하였다. 의회는 또 1644년에 『공동기도서』를 불법으로 규정하고, 1645년에 이를 대체할 『공

웨스트민스터 회의

적 예배모범』Directory of Public Worship을 새롭게 채택하였다. 이 시기에 청교도들이 마련한 '웨스트민스터 신앙고백'1646, '대교리문답과 소교리문답'1647은 잉글랜드와 스코틀랜드 의회에 받아들여졌고, 이후 영어권 개혁교회 전통에 항구적인 영향력을 미쳤다. 오늘날 한국 장로교회도 이때 만들어진 웨스트민스터 신앙고백과 교리문답을 신앙의 기준으로 삼고 있다.

내전 중에 두각을 드러낸 사람은 올리버 크롬웰Oliver Cromwell이었다. 그는 의회군의 지휘관으로 왕당파를 무찌르는 선봉에 섰고, '철기병'Ironside이라는 별명을 얻었다. 1645년 신설된 신형군New Model Army을 이끌면서 자신만의 독특한 전술로 의회파를 승리로 이끌었다. 찰스 1세는 내전 승리를 위해 외국의 로마가톨릭 세력과 내통한 것이 드러나면서 반역죄로 붙잡혀 1649년 1월 30일 참수형을 당하였다. 이로써 잉글랜드의 왕정이 막을 내리고, 크롬웰의 공화정이

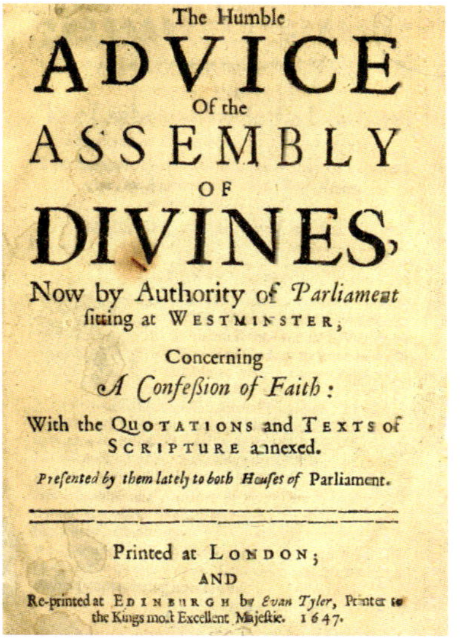
The Humble
ADVICE
Of the
ASSEMBLY
OF
DIVINES,
Now by Authority of Parliament sitting at WESTMINSTER,
Concerning
A Confession of Faith:
With the QUOTATIONS and TEXTS of SCRIPTURE annexed.
Presented by them lately to both Houses of Parliament.

Printed at LONDON;
AND
Re-printed at EDINBURGH by Evan Tyler, Printer to the Kings most Excellent Majestie. 1647.

▲ 웨스트민스터 신앙고백
▼ 올리버 크롬웰

찰스 1세의 처형 장면

시작되었다. 잉글랜드 교회사를 기술한 존 무어만John Moorman은 찰스의 죽음과 크롬웰의 집권에 대해 "전제 왕정은 나빴다. 그러나 군사 독재는 더 나빴다."라고 평가하였다. 오랫동안 왕을 섬겨온 잉글랜드 사람들은 왕이 아무리 잘못을 저질렀다고 하더라도 그를 죽인 것은 정서상 받아들이기 어려웠다. 어쩌면 공화정은 그 시작부터 오래갈 수 없는 태생적 한계를 지니고 있었는지도 모른다.

| 공화정 시대(1649-60)의 청교도 |

공화정 시기에 의회와 정부 사이의 불안한 동거가 시작되었다. 의회의 권한은 점차 축소되었고 크롬웰에게 권력이 집중되었다. 정치적 측면에서 크롬웰은 '호국경'護國卿, Lord Protector이라는 칭호를 사용하면서 자신의 정적들을 제거하고 독재를 시작했다. 종교적 측면으로는 개혁주의를 옹호하면서도 비교적 관용적인 입장을 취하였다.

당시 의회를 장악하고 있던 청교도는 크게 세 집단으로 나누어져 있었다. 비교적 온건한 개혁을 주장하며 장로교회의 노선을 따르는 장로파Presbyterians, 보다 근본적인 개혁을 요구하면서 회중교회의 노선을 추종하는 독립파Independents, 앞의 두 그룹과 달리 잉글랜드 교회에서 완전히 분리

◀ **리처드 백스터** 키더민스터의 목회자로 의회파의 주류였던 장로파의 지도자였다.
▶ **존 오웬** 크롬웰의 공화정 시기 옥스퍼드 대학의 부총장이자 회중교회를 옹호하는 독립파의 지도자였다.

되어야 한다고 주장하는 분리파Separatists가 있었다. 이들은 성서 해석, 국교회에 대한 태도, 개혁의 범위 등을 놓고 상당한 입장차를 보였다. 의회의 주류는 장로파였지만, 크롬웰은 독립파에 우호적이었다. 청교도를 대표하는 2명의 유명한 신학자 존 오웬John Owen과 리처드 백스터Richard Baxter가 칭의, 율법, 교회 정치체제를 둘러싸고 논쟁을 벌였는데, 오웬이 독립파의 입장에 서 있었다면 백스터는 장로파의 견해를 대변하였다. 이 외에도 사회계급의 철폐를 주장하는 수평파Levellers, 재산의 공동소유를 주창하는 쟁기파Diggers와 같은 급진적인 분파들도 등장하였다.

이와 같은 분열로 인해 정치세력으로서의 청교도는 점차로 구심점을 잃고 와해될 수밖에 없었다. 1658년 크롬웰이 죽자 아들인 리처드 크롬웰이 호국경 직을 계승하지만, 얼마 지나지 않은 1660년 사임하고 외국으로 망명해 평생을 숨어지냈다. 결국 공화정의 실험은 실패로 귀결되고, 왕정으로의 복귀가 이루어졌다.

• 리처드 백스터의 생애 •

1615. 11. 12.	잉글랜드 로우톤에서 출생
1629-32	록스터와 루들로우에서 수학
1638	잉글랜드 국교회에서 안수를 받고 더들리와 브리지노스에서 목회
1641-60	26세가 되던 해에 키더민스터의 St. Mary and All Saints' Church로부터 청빙을 받아 1660년까지 목회(중간에 몇 차례 중단되기도 했음)
1642-47	1차 잉글랜드 내전 때 의회군 지지 활동
1662. 9. 10.	마가렛 찰톤과 결혼
1662-87	통일령 이후 수차례 투옥되는 등 많은 어려움을 겪음
1691. 12. 8.	임종하여 먼저 떠난 아내가 잠들어 있는 크라이스트 교회(St. Paul 성당 맞은편) 뜰에 안장됨

• 존 오웬의 생애 •

1616	옥스퍼드셔 스태드햄튼에서 출생
1628	12세에 옥스퍼드 퀸즈 대학 입학
1632	문학사학위 취득
1635	문학석사학위 취득
1637	옥스퍼드의 신학 사조, 옥스퍼드 총장 윌리엄 로드의 의식주의(ritualism)에 회의를 느끼고 학교를 떠남
1642	『아르미니우스주의의 진상』*(The Display of Arminianism)* 출간
1644	메리 루크와 결혼
1649	의회에서 설교한 것을 계기로 올리버 크롬웰의 국목(國牧)으로 임명됨
1651	옥스퍼드 크라이스트처치 수석 목사로 청빙됨
1652	옥스퍼드 대학 부총장으로 임명됨
1658	회중교회의 「사보이 신앙고백서」 작성에 관여
1662	찰스 2세의 통일령으로 강단에서 축출됨
1672	『히브리서 강해』 출간
1673	런던의 독립파 회중교회의 청빙을 받음
1683. 8. 24.	67세의 일기로 하나님의 품에 안겼고 번힐필드에 묻힘

| 찰스 2세 시대(1660-85)의 청교도 |

1660년 공화정이 실패로 끝나고 찰스 2세가 왕위에 오르자 아버지 찰스 1세의 억울한 죽음에 대한 보복과 반동이 시작되었다. 찰스 2세는 왕위에 오르자마자 1660-66년에 '클라렌든 법령'Clarendon Code이라 불리는 일련의 법령들을 반포했다. 여기에는 잉글랜드 국교회 신자만이 공무원이 될 수 있다는 법인령, 정부의 승인 없이 5명 이상의 집회를 금한다는 비밀집회

▲ 찰스 2세
▼ 공동기도서(1662)
▶ 감옥에서 『천로역정』을 쓰고 있는 존 번연

금지령, 프로테스탄트 목회자가 자신이 시무했던 지역 5마일약 8km 내로 접근하는 것을 금한다는 5마일령 등이 포함되어 있었다. 이전에 청교도가 제정한 법들은 모두 폐기되었고, 『공동기도서』가 개정, 출판되었으며, 잉글랜드 국교회를 따르지 않는 프로테스탄트 성직자들에 대한 탄압이 시작되었다. 이때 체포, 투옥된 인물 중에 우리에게 잘 알려진 존 번연John Bunyan이 있다. 번연은 1660년부터 1672년까지 무려 12년을 갇혀 있어야 했는데, 이때 쓴 책이 바로 『천로역정』*Pilgrim's Progress*이다.

특히 1662년의 통일령은 모든 성직자가 잉글랜드 국교회의 예전과 교리를 따르를 것을 강요하였고, 그렇지 않을 경우 성직자 신분을 박탈하였다. 청교도들 가운데 국교회의 『공동기도서』 예전을 따르는 것이 신앙에 있어서 본질적으로 중요한 문제는 아니라고 생각한 사람들은 통일령에 순응했지만, 그렇지 않은 또 다른 청교도들은 이에 저항하였다. 이 조처로 인해 2,000명 이상의 프로테스탄트 목회자들이 추방당했기 때문에 이를 소위 '대축출'Great Ejection이라 부른다. 또한 1572년 성 바르톨로뮤 축일에 프랑스 위그노가 대학살을 당한 것에 빗대어 이 날을 잉글랜드의 '검은 바르톨로뮤의 날'Black Bartholomew's Day이라 부르기도 한다. 이후 잉글랜드 국교회에 찬성하지 않는 사람들은 비국교도dissenters 혹은 비순응자nonconformists로 불리게 되었다.

| 제임스 2세 시대(1685-88)의 청교도 |

형에 이어 1685년에 왕위에 오른 제임스 2세는 자신이 로마가톨릭 교인임을 숨기지 않았다. 이때 제임스 2세를 반대한 사람들이 제임스를 옹립하는 자들Jacobites을 토리Tories라 불렀는데, '불한당' 혹은 '도적'이라는 뜻이다. 한편 제임스 2세를 옹호한 왕당파들은 반대파를 가리켜 휘그Whigs라고 불렀는데, 이는 '모반자' 또는 '소몰이꾼'이라는 의미였다. 토리는 현재 보수당의 전신이고, 휘그는 자유당(현재는 자유민주당)의 전신이다. 현재 잉글랜드

제임스 2세

네덜란드의 빌렘 3세와 잉글랜드의 메리 2세

의 총리 테레사 메이는 보수당의 대표이다.

제임스 2세의 전횡과 질주는 곧 전면적인 반대에 부딪혔고, 결국 그는 재위 3년 만에 해외로 도주할 수밖에 없었다. 1688년 제임스 2세의 딸 메리 2세와 네덜란드의 프로테스탄트 오라네의 빌렘 3세Willem III van Oranje가 공동왕위에 올랐다. 이때 피를 흘리지 않고 왕위가 교체되었다고 하여 '명예혁명'Glorious Revolution이라고 부른다. 이어서 1689년 비순응자에게도 집회와 예배의 자유를 허용한 관용령Toleration Act이 채택됨으로써 역사적 운동으로서 잉글랜드의 청교도운동은 일단락되었다.

오늘날 청교도운동에 대한 해석은 매우 다양하다. 잉글랜드 국교회의 예식과 정치와 교리의 개혁이 미흡함을 비판하면서 '한 걸음 더 나아간 개혁'further reform을 추진한 교회개혁운동이라고 정의할 수도 있고, 왕정보다는 공화정을 선호했던 정치개혁운동으로 볼 수도 있을 것이다. 어떤 학자들은 청교도운동을 경건의 방식, 세상과 자신을 이해하고 행동하는 독특한 의미 구조, 다시 말해 삶의 스타일로 이해한다. 또 다른 사람은 청교도운동을 영적인 부흥운동으로 파악하기도 한다. 정치와 교회 개혁으로서의 청교도운동은 17세기 말에 막을 내렸지만, 경건과 영적 자산으로서 청교도의 유산은 지금까지도 여전히 영향을 미치고 있다.

10

존 번연,
하늘 향한 순례자

| 땜장이에서 군인으로 |

존 번연은 1628년 잉글랜드 베드포드Bedford에서 3km 정도 남쪽에 있는 엘스토우Elstow라는 작은 마을에서 아버지 토머스 번연과 어머니 마가렛 벤틀리 사이에서 태어났다. 오늘날 번연의 생가는 남아 있지 않고, 1951년 브리튼 축제 기간에 세워진 기념석만이 그곳이 번연의 출생지였음을 알려주고 있다. 번연의 할아버지는 행상인이었고, 아버지는 냄비나 솥을 때워주는 땜장이였다. 후일 번연도 아버지의 생업을 이어받았다. 엘스토우 교회의 세례명부에 따르면 번연은 1628년 11월 30일 유아세례를 받았고, 번연의 첫 두 자녀도 이 교회에서 유아세례를 받았다.

존 번연

영국문학을 대표하는 삼총사 셰익스피어, 밀턴, 번연은 모두 16세기와 17세기 잉글랜드의 종교와 교육의 개혁과 깊이 연관되어 있다. 그중에서도 번연은 독특하다. 밀턴이 케임브리지 대학교에서 수학했고, 셰익스피어가 오늘날 고등학교 과정에 해당하는 문법학교에서 교육을 받은 반면, 번연은 거의 아무런 교육도 받지 못하였다. 요즈음의 표현으로 번연은 철저한 '흙수저'인 셈이다. 부유한 밀턴은 물론이고 상대적으로 가난했던 셰익스피어와 비교해도 번연은 최하층에 속한 사람이었다.

번연은 자신이 빈한한 가정에서 태어나 전혀 배우지 못했음을 수시로 강조했는데, 거기에는 특별한 의도가 있었던 듯하다. 즉 자신의 모든 것들이 전적으로 성령의 도움에서 비롯되었음을 밝히고 싶어 했다는 것이다.

▲ **엘스토우 교회** 주소는 9XX, Church End, Elstow, Bedford MK42 9XT UK, 홈페이지는 elstow-abbey.org.uk, 연락처는 44-1234-261477이다.
▼ **교회 내부의 번연 스테인드글라스**

육체적으로 볼 때 자신은 아무런 자격이 없는 무식한 땜장이일 뿐임을 강조해야만 대중들이 번연의 통찰력이 성령에게서 온 것이라 믿을 것이기 때문이었다.

◀▶ **엘스토우 무트홀의 외부와 내부** 주소는 Church End, Elstow, Bedford MK42 9XT, UK, 홈페이지는 bedford.gov.uk, 연락처는 44-1234-266889이다.

번연이 16세가 된 1644년 어머니가 죽고, 두 달 후 아버지는 재혼하였다. 이로 인해 번연과 아버지의 관계가 소원해졌고, 때마침 베드포드 지역에 군 소집령이 내려져 그는 군에 입대하였다. 당시 잉글랜드는 왕을 옹호하는 왕군과 청교도 중심의 의회를 옹호하는 의회군으로 나뉘어 내전을 벌이고 있었다. 번연은 베드포드 지역에 할당된 인원 중 한 명으로 징집되어 사무엘 루크Samuel Luke 경卿이 이끄는 의회군에 속하였다. 번연은 베드포드에서 서쪽으로 20km 정도

베드포드 번연 박물관에 전시된 존 번연의 모루 모루에는 "J. Bunyan, Helstowe, 1647"이라고 새겨져 있다. 땜장이 번연은 무게가 27kg에 이르는 무거운 모루를 등에 지고 여기저기 돌아다니면서 솥이나 냄비를 때워주는 일을 했다.

떨어진 뉴포트 패그널Newport Pagnell에서 3년 동안1644-47 복무하였다. 이 기간에 번연은 마을 언덕 위에 있는 베드로-바울 교회의 예배에 참석해야 했지만 진정한 신앙은 갖지 못하였다. 이 당시의 군대 경험은 후에 그가 『거룩한 전쟁』과 같은 작품에서 생동감 있는 전쟁 묘사를 할 수 있는 바탕이 되었다. 그러다가 3년 만에 부대가 해체되자 그는 다시 고향 엘스토우로 돌아가 땜장이 일을 계속하였다.

지금도 엘스토우 교회에는 번연이 유아세례를 받았던 세례반이 그대로 남아 사용되고 있다. 또한 교회 내부에는 번연의 『천로역정』과 『거룩한 전쟁』의 내용을 담은 스테인드글라스가 있다. 번연은 후일 베드포드 감옥에서 쓴 자서전 『죄인의 괴수에게 넘치는 은혜』1666에서 엘스토우 시절에 겪은 내면의 위기에 대해 언급하면서 교회 종탑의 종이 자신의 머리 위로 떨어질지도 모른다는 두려움을 겪었다고 기술하고 있다. 16세기 목조 건물인 엘스토우의 마을회관 무트홀Moot Hall에는 번연과 관련된 유물과 당시의 생활상이 전시되어 있다.

| 두 번의 결혼 |

번연은 1649년경 아마도 '메리'라는 이름의 여자와 결혼하였다. 당시 첫딸은 일반적으로 어머니의 이름을 따랐기 때문에 두 사람 사이에 태어난 장녀 메리를 통해 번연의 첫 번째 아내의 이름을 추정한 것이다. 번연도 가난했지만 아내 역시 지독히 가난한 집안 출신이라 혼수품으로 가져온 것이라고는 고작 책 두 권이었다고 한다. 아내가 가져온 책은 청교도의 필독서로, 아서 덴트Arthur Dent의 『평범한 사람이 천국에 이르는 길』과 루이스 베일리Lewis Bayly의 『경건의 연습』이었다. 그런데 바로 이 책들로 인해 번연의

• 존 번연의 생애 •

1628	엘스토우에서 출생
1644-47	의회군 소속으로 군 생활
1649	첫 번째 결혼으로 4명의 자녀 메리, 엘리자베스, 존, 토머스를 둠
1653	우즈 강변에서 세례를 받음
1659	아내와 사별 후 엘리자베스와 재혼하여 두 자녀, 사라와 요셉을 둠
1660-72	1660년 11월 체포되어 12년 동안 수감생활
1666	영적 자서전인 『죄인의 괴수에게 넘치는 은혜』 출간
1672	베드포드 교회의 설교자로 청빙됨
1675	두 번째로 투옥되어 6개월 동안 수감생활
1678	『천로역정』 1부 출간
1680	『악인 씨(氏)의 삶과 죽음』 출간
1682	『거룩한 전쟁』 출간
1684	『천로역정』 2부 출간
1688. 8. 31.	런던의 스노우 힐에서 임종하여 번힐필드에 묻힘

회심 과정이 시작되었다.

번연은 교회에 출석했지만, 주일에도 춤을 추고 게임을 하고 종을 울리는 등 오락을 즐겼다. 이는 엄격한 청교도들이 금하는 행위였다. 번연에 따르면, 어느 주일날 안식일 준수에 관한 설교를 듣고 마음이 찔렸지만 그날 오후에도 습관적으로 엘스토우 교회 부근의 잔디밭에서 자치기 놀이를 하고 있었는데, 그때 하늘의 음성이 들렸다고 한다. "네가 이 죄에서 떠나 천국으로 가겠느냐? 아니면 이 죄를 지고 지옥으로 가겠느냐?" 이 사건 이후 몇 년 동안 번연은 영적 갈등과 투쟁을 겪게 된다. 점차 번연은 춤이나 스포츠와 같은 오락을 멀리하고 회심하게 되었다.

번연의 가족은 1655년 엘스토우를 떠나 베드포드로 이사하였다. 1658년 번연은 아내와 사별하였는데, 두 사람 사이에는 시각장애를 갖고 태어난 첫째 딸 메리를 포함하여 4명의 자녀, 메리, 엘리자베스, 존, 토머스가 있었다. 번연은 이듬해인 1659년 18세의 엘리자베스와 재혼하였다. 엘리자베스는 결혼 후 얼마 지나지 않아 번연이 옥에 갇히게 되자 재판관을 찾아가 남편을 옹호하며 변호한 용감한 여성이었다. 두 사람 사이에는 2명의 자녀, 사라와 요셉이 있었다.

| 옥중에서 지킨 양심의 자유 |

번연은 베드포드의 성 요한 교회의 목회자였던 존 기포드John Gifford의 영향을 받아 1653년경 우즈 강변에서 '믿는 자의 세례'를 받았다. 1628년 유

성 요한 교회 기포드와 번연이 활동했던 교회로 주소는 36 St John's St, Bedford MK42 0DH, UK이다.

존 번연이 세례를 받은 우즈 강변의 세례터

아세례를 받았던 번연이 1653년경 다시 세례를 받았으니 일종의 재세례를 받은 셈이었다. 당시 베드포드 공동체는 로마가톨릭과 잉글랜드 국교회에 반대하는 독립파와 분리파 회중들이 모인 침례교회였다. 번연은 세례는 개인적으로 복음을 듣고 믿는 사람들만이 받아야 한다고 믿었지만, 세례나 성만찬 문제로 그리스도인들이 분열해서는 안 된다고 생각했다. 1655년 기포드가 죽고 난 후부터 번연은 자연스레 설교 사역을 시작하였다. 1640년대 이후 잉글랜드에서는 감독의 권위가 도전을 받으면서 평신도 설교자가 증가하고 있었다. 베드포드 교회는 비록 번연이 안수받은 목회자는 아니었지만 복음에 대한 그의 열정에 매료되어 그를 설교자로 청빙하였다. 다른 평신도 설교자들과 마찬가지로 번연도 주로 자신의 개인적 경험에 근거하여 설교하였다.

그러나 정치적인 상황의 변화에 따라 번연은 체포당하게 된다. 1660년 올리버 크롬웰과 리처드 크롬웰 부자父子의 공화정이 막을 내리고 찰스 2세의 왕정복고가 이루어지자 잉글랜드 국교회에 순응하지 않는 모든 사람은 추방되거나 수감당하는 신세가 되었다. 번연도 1660년 11월 불법적인 종교집회를 주도했다는 혐의로 체포되었고, 1661년 1월에 3개월 형을 선고받고 수감되었다. "교회에 와서 거룩한 말씀을 듣지 않는 사악하고 악의적인 행동"을 하고 "여러 차례 불법적인 모임과 비밀집회에 참여하여 분란을 일으키고, 나라의 신민으로서 의무를 다하지 않았다."는 점이 죄목으로 명시되었다. 3개월 수감을 선고받았지만, 번연은 잉글랜드 국교회의 교구교회에 참석하기를 거부하고 게다가 더 이상 설교하지 않겠다는 맹세를 하지 않는다는 이유로 이례적으로 12년 동안이나 갇혀 있었다. 앞으로 설교하지 않겠다는 약속만 하면 석방될 수도 있었지만, 그는 그렇게 하지 않았다. 오히려 그는 하나님이 명하신 것을 하지 못한다면 차라리 눈꺼풀에 이끼가 자랄 때까지 감옥에 있겠다고 행정관에게 말했다. 찬송가 336장의 가사처럼 "환난과 핍박 중에도 지킨 신앙"이며 "옥중에 매인 성도나 양심은 자유를 얻은" 것이다.

감옥은 번연에게 '불행한 축복'이었다. 30대 초반의 청년이 자유를 박탈당한 채 12년간 묶여 있었다는 사실만으로도 이는 불행한 일이었다. 그것도 단지 자신의 신념을 포기하지 않는다는 이유만으로 말이다. 또한 가족과 떨어져 지내야 했던 것도 무척 힘겨운 일이었다. 감옥에 있는 동안 번연은 가족의 생계를 위해 구두끈을 만들어야 했고 지인들의 도움에 의지해야만 했다. 그러나 12년간의 투옥생활이 영어권 작가 중 가장 사랑받는 베스트셀러 작가를 탄생시킨 것은 참으로 아이러니이며 축복이다. 감옥에 있는 12년 동안 번연은 영적 자서전인 『죄인의 괴수에게 넘치는 은혜』1666, 『천로역정』 1부1678를 포함하여 최소한 9권의 책을 썼다. 그를 통해 하나님의 섭리는 우리의 지식과 이해를 뛰어넘는다는 사실을 새삼 깨닫게 된다.

당시의 수감생활은 오늘날 우리가 생각하는 것보다는 어렵지 않은 편이었다. 손님들을 만날 수 있었고, 며칠 밤을 집에서 보낼 수도 있었으며, 교도관의 도움으로 비밀리에 외출도 가능했다. 번연의 수감기간 중에 엘리자베스와의 사이에서 딸 사라가 태어났고, 그가 석방된 직후인 1672년에 요셉이 태어난 것도 이런 이유에서이다. 번연은 옥에 갇혀 있는 동안 책상 다리를 다듬어 플루트를 만들기도 하고, 철재를 이용하여 바이올린을 제작하기도 하였다. 베드포드에 있는 번연 박물관에는 그가 만든 악기들이 전시되어 있다.

번연은 1672년 국왕 찰스 2세가 〈개신교자유선언〉Declaration of Indulgence을 발표함으로써 풀려날 수 있었다. 그는 다시금 베드포드 회중교회의 목회자로 청빙을 받았고, 이때부터 열정적으로 복음을 전하는 설교자가 되었다. 이후 다시 박해의 시기가 찾아와 1675년 번연은 또 한 번 6개월의 수감생활을 겪게 된다.

| 『천로역정』의 저자 |

> 나는 해진 옷을 입고 한 손에는 성서를 들고 등에는 무거운 짐을 진 한 사람을 보았다.

한 사람은 바로 번연 자신을 상징한다. 순례자는 죄의 짐 때문에 힘겹게 멸망의 도성으로부터 천상의 도성을 향해 순례를 이어간다. 영국의 시인이자 비평가인 사무엘 콜리지Samuel T. Coleridge는 『천로역정』天路歷程, *Pilgrim's Progress*을 가리켜 "신학자가 아닌 작가가 쓴 최고의 복음적 신학대전"이라고 불렀다. 영국 가정이라면 어느 곳이든 성서와 함께 구비되어 있을 정도로 『천로역정』은 애독되었으며, 성서를 제외한다면 출판의 역사에서 단연 베스트셀러였다고 할 수 있다. 중국 공산정부에서 서양 문화유산의 예로

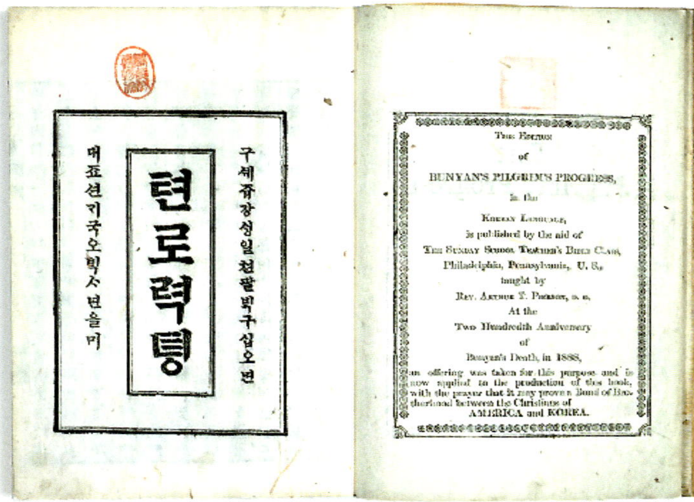

『천로역정』 초판을 20만 부 출판했는데 3일 만에 완판되기도 하였다. 번연이 죽은 후 4년이 지난 1692년까지 영국에서만 10만 부가 인쇄되었으며, 번연 사후 250주년인 1938년까지는 1,300쇄가 나왔다. 그리고 영화, 드라마, 라디오 방송, 오페라 등으로 각색되어 전 세계로 퍼져나갔으며, 170개 이상의 언어로 번역, 출판되었다. 한국에는 1895년 캐나다 선교사이자 장로교 목사인 제임스 게일 James S. Gale이 최초로 번역해 소개하였다. 이것은 한국 근대의 첫 영어 번역 소설이라는 의미를 지니고 있다.

THE
Pilgrim's Progress
FROM
THIS WORLD,
TO
That which is to come:
Delivered under the Similitude of a
DREAM
Wherein is Discovered,
The manner of his setting out,
His Dangerous Journey; And safe
Arrival at the Desired Countrey.

I have used Similitudes, Hos. 12. 10.

By John Bunyan.

Licensed and Entred according to Order.

LONDON,
Printed for Nath. Ponder at the Peacock
in the Poultrey near Cornhil, 1678.

▲ 제임스 게일이 번역한 『천로역정』 한글판
▼ 『천로역정』의 표지

『천로역정』은 알레고리 형식의 종교 소설로 수다쟁이, 게으름, 허영, 크리스천 등의 이름을 가진 등장인물이 나온다. 전체 2부로 구성되었는데, 1부는 크리스천의 모험, 2부는 아내 크리스티나와 자녀들의 모험으로 이루어져 있다. 1부는 1678년 런던에서 나다니엘 폰더Nathaniel Ponder가 출판하여 즉시 대중적인 베스트셀러가 되었고, 2부는 1684년에 출판되었다. 이 책의 성공으로 번연은 『악인 씨氏의 삶과 죽음』1680과 『거룩한 전쟁』1682과 같은 또 다른 알레고리 작품을 쓰게 되었으며, 다양한 장르의 저술들을 남겨 무려 60여 권의 책을 출판하였다.

| 베드포드에서 번연을 만나다 |

베드포드 도심 곳곳에는 번연과 관련된 흔적들이 많이 남아 있다. 먼저 도심의 북쪽 입구 사거리에는 번연의 청동상이 서 있다. 1874년 베드포드 공작이 시에 헌정한 이 동상은 조셉 보엠Joseph E. Boehm의 작품으로, 번연이 왼손에 든 성서를 오른손으로 가리키면서 해석하는 모습이다. 그의 왼발 곁에 놓인 풀린 족쇄는 그의 투옥과 석방을 상징한다. 돌기둥에는 『천로역정』의 세 장면－좁은 문 앞에 있는 크리스천, 악마와 싸우는 크리스천, 예수의 십자가 발 앞에 무거운 짐을 내려놓은 크리스천－이 새겨져 있다. 높이 3m, 무게 3톤에 이르는 번연의 청동상은 1874년 6월 10일 아우구스타 스탠리Lady Augusta Stanley가 제막하였다.(필자가 베드포드를 찾은 날은 안개가 많이 낀 날이었다. 누군가 장난으로 번연의 양손 사이에 음료 캔을 올려놓았는데 차마 올라가서 제거할 수가 없어 그냥 사진을 찍었더니 캔 음료를 마시며 성서의 복음을 전하는 번연이 되어버렸다.)

번연이 갇혀 있던 감옥은 지금은 흔적도 없이 사라졌지만, 그곳이 감옥

◀ **청동상에 새겨진 『천로역정』의 세 장면**
▶ **존 번연 청동상은** St. Peter de Merton Church 앞 사거리에 있다.

터였음을 알리는 표지판이 남아 있다. 먼저 번연이 1660년에서 1672년까지 약 12년 동안 수감되었던 장소임을 알리는 표지판은 베드포드 도심 하이 스트리트 58번지 인도 위에 있다. 1675년 두 번째로 수감되었던 감옥은 베드포드의 스완 호텔 앞의 다리 위에 있었는데 지금도 그 다리에는 번연이 1675-76년 사이에 이곳에 갇혀 있으면서 『천로역정』을 썼다는 표지판이 있다. 또한 스완 호텔 건너편에 있는 파크인 래디슨 호텔 쪽의 우즈 강변을 따라 걷다 보면 번연이 장성하여 스스로의 믿음을 고백하고 세례를 받았으리라 짐작되는 곳에 기념 명판이 붙어 있다. 그리고 베드포드의

◀ **첫 번째 수감 감옥터** "이곳에 존 번연이 1660년에서 1672년까지 12년 동안 갇혀 있던 베드포드 주의 감옥이 있었다." 감옥 표지판이 있는 곳의 주소는 58 High Street, Bedford MK40 1NT, UK이다.
▶ **두 번째 수감 감옥터** 우즈 강 다리 위의 감옥터 표지판은 스완 호텔 앞 다리 위의 난간에 있고 주소는 The Embankment, Bedford MK40 1RW, UK이다.

남쪽 입구에서는 존 기포드 목사가 목회활동을 하던 성 요한 교회도 만날 수 있다.

| 베드포드 번연 기념교회 |

베드포드에서 번연을 만나려 한다면 번연 기념교회Bunyan Meeting Free Church와 번연 박물관을 꼭 들러야 한다. 지금의 번연 기념교회 자리는 본래 과수원 헛간이었는데 번연과 성도들이 그곳을 빌려 예배 처소로 사용하기 시작했다. 현재의 기념교회 건물은 1850년에 문을 열었으며, 교회 내부는 1974년 완전히 새롭게 단장되었다. 방문객을 가장 먼저 맞이하는 것은 교회 입구의 청동 출입문이다. 이 청동문은 프레드릭 스럽Frederick Thrupp이 이탈리아 피렌체에 있는 로렌초 기베르티의 〈천국의 문〉에서 영감을 얻어 제작한 것으로, 문에 새겨진 10개의 동판화는 『천로역정』의 장면들을 묘사한다. 이 청동문은 베드포드의 아홉 번째 공작이었던 프란시스 해스팅스 러셀Francis Hastings Russell이 1876년 교회에 기증한 것이다.

교회 안으로 들어가면 양쪽으로 『천로역정』의 내용을 담은 8개의 스테인드글라스 작품을 볼 수 있다. 1번 작품은 번연이 감옥에서 깃촉 펜을 들고 앉아 『천로역정』을 쓰고 있는 모습이다. 작품의 둘레에 『천로역정』의 첫 문장이 기록되어 있다. 1978년 『천로역정』 출판 300주년을 기념하여 만든 이 작품은 공개 기부금으로 제작되었다.

2번 작품에서 복음전파자는 크리스천에게 천성으로 가는 길을 가리켜 보여준다. 크리스천의 얼굴은 바로 번연 자신의 모습이다. 교회 설립 300

번연 기념교회 청동 출입문 이곳의 주소는 Mill St, Bedford MK40 3EU, UK, 홈페이지는 bunyanmeeting.co.uk, 연락처는 44-1234-213722이다.

번연 기념교회 내부의
스테인드글라스

주년을 기념하는 이 작품의 바깥쪽에는 1650년부터 1950년까지 300년 동안 교회를 섬긴 목회자들의 이름이 새겨져 있다.

3번 작품에서는 크리스천이 자신의 모든 짐을 십자가 아래에 내려놓고 있다. 번연 기념교회의 독실한 성도인 아이비 핀들레이Ivy Findlay가 1950년에 이 작품을 기증하였다.

4번 작품에서는 크리스천이 '고난의 언덕'Hill Difficulty을 오르고 있다. 샬롯 쿨슨Charlotte Mary Coulson을 기념하여 그녀의 가족이 1998년에 이 작품을 헌납하였다.

5번 작품에서 크리스천은 사자들을 지나 '아름다움의 집'House Beautiful에 접근한다. 이 작품은 베드포드 시장이자 번연 기념교회 기부자였던 로널드 게일Ronald George Gale을 기념하여 1998년에 만든 것이다.

6번 작품에서는 크리스천이 악령 아폴리온을 무찌른다. 이 작품은 평생 이 교회를 섬긴 랄프 포터Ralph Porter를 기념하여 2000년에 만든 것이다.

7번 작품에서는 등장인물인 믿음이 크리스천을 돕는다. 이 작품은 스티븐 가족이 친구를 구하려다 우즈 강에서 익사한 아들을 기억하기 위해 1927년 기증하였다.

8번 작품에서는 크리스천이 또 다른 등장인물인 소망과 함께 죽음의 강을 지나 천상으로 들어간다. 프레드릭 슈리브Frederick Shreeves의 손자가 할아버지를 기념하여 기증하였다. 1988년 캔터베리 대주교인 로버트 런시Robert Runcie가 이 교회에서 존 번연 사후 300주년을 기념하는 설교를 하고 이 작품을 제막하였다.

번연 기념교회의 역사를 보면 초창기 교인 중에는 베드포드 시장을 역임한 존 에스톤John Eston과 존 그루John Grew 같은 사람들도 포함되어 있었다. 그러나 1660년 왕정복구 이후 비국교도는 공직을 맡을 수 없게 되자 고위 공직자들은 교회를 떠나거나 공직을 포기해야만 했다. 박애주의자로서

교도소 개혁을 주창했던 존 하워드John Howard도 한때 이 교회의 성도였다. 1770년 그의 기부로 마련된 설교대는 지금까지 '하워드 설교대'로 불린다. 하지만 3년 후 유아세례를 인정할 것인가 하는 교리적 논쟁 때문에 일부가 분리되었는데, 이때 떨어져 나간 사람들이 '하워드 회중교회'를 형성하기도 하였다. 19세기 중반에는 베드포드 주민의 절반 이상이 번연 기념교회에 출석했을 정도로 교회가 부흥하였다. 1864-1903년 이 교회의 목회자였던 존 브라운John Brown은 번연의 전기 작가이기도 하다. 브라운은 1887년 예일 대학에서 신학박사학위를 받았으며, 1891년 회중교회연합Congregational Union의 의장을 역임하기도 하였다. 그는 웨스트민스터 사원에 『천로역정』의 내용을 담은 스테인드글라스를 설치하자고 주장하여 이를 성사시키기도 하였다. 브라운은 1922년 92세의 나이로 세상을 떠났다. 현재 번연 기념교회는 회중교회연합Congregational Federation과 침례교연맹Baptist Union의 회원이다. 또한 장로교회와 회중교회의 연합인 연합개혁교회United Reformed Church의 참관자옵서버이다.

번연 기념교회 바로 옆에는 번연 박물관이 있다. 1946년 처음 개관한 이 박물관에는 『천로역정』을 비롯한 번연의 작품이 다수 소장되어 있다. 『천로역정』은 잉글랜드의 평범한 사람들에게는 성서보다 더 친밀한 책으로, 번연 박물관에 170여 개의 언어로 번역된 『천로역정』이 소장되어 있는데, 한글로 된 책도 물론 있다.

| 영원한 설교자 |

번연은 잉글랜드 최고의 작가인 동시에 설교자로 명성을 얻었다. 12년의 수감생활 후 1672년 베드포드 교회의 설교자로 청빙을 받은 번연은 베

번힐필드에 있는 존 번연의 무덤 이곳의 주소는 38 City Rd, London EC1Y 2BG, UK이다. 바로 앞에는 존 웨슬리 채플이 있다.

드포드뿐만 아니라 말을 타고 여러 곳을 순회하면서 설교하였다. 설교자로서의 헌신, 성실, 열정으로 인해 번연은 '주교 번연'이라는 별칭을 얻었다. 1688년 번연은 불화 관계에 있던 아버지와 아들을 화해시키기 위해 거센 비를 뚫고 런던 인근의 레딩Reading으로 가다가 병을 얻었다. 결국 그는 런던의 스노우 힐Snow Hill에 있는 친구 존 스트러드빅John Strudwick의 집에서 1688년 8월 31일 숨을 거두고 만다. 번연이 죽고 3년 뒤인 1691년 아내 엘리자베스도 숨졌다.

번연은 지금 런던의 번힐필드Bunhill Fields에 잠들어 있다. 번힐필드에는 잉글랜드 국교회에 순응하지 않았던 비국교도들이 주로 묻혀 있는데 찬송가의 아버지 아이작 와츠, 『로빈슨 크루소』의 저자인 소설가 다니엘 디포, 시인이자 화가 윌리엄 블레이크, 청교도의 대표적 신학자 존 오웬, 웨슬리의 어머니 수잔나 웨슬리 등이 잠들어 있다.

번힐필드에서 유난히 눈에 띄는 것이 바로 번연의 무덤이다. 공원묘지 한가운데 돌로 된 큰 무덤이 있고, 그 위에 번연의 동상이 누워 있다. 누워 있는 번연상은 1862년 5월 21일, 흔히 최후의 청교도요 설교의 황제라 불리는 찰스 스펄전C. H. Spurgeon이 제막하였다. 번연을 떠받치고 있는 기단에는 무거운 짐을 지고 천국을 향해 가고 있는 영원한 순례자 곧 번연 자신이 조각되어 있다.

| 청교도 번연 |

베드포드의 땜장이 번연은 첫 번째 아내가 혼수로 가져온 아서 덴트의 『평범한 사람이 천국에 이르는 길』과 루이스 베일리의 『경건의 연습』, 감옥에서 읽은 존 폭스의 『순교자열전』 같은 청교도주의 책을 통해, 그리고 존 오웬이나 윌리엄 델과 같은 청교도 지도자들과의 직접적인 만남을 통해 자신의 청교도 신앙과 학문을 형성해갔다.

청교도 가운데 독립파 회중교회의 대표적 지도자인 존 오웬은 번연이 두 번째로 감옥에 갇혔을 때 그를 석방시키기 위해 노력을 기울이는 등 번연에게 각별하였다. 언젠가 찰스 2세가 그에게 옥스퍼드에서 공부하고 옥스퍼드 부학장까지 역임한 사람이 왜 번연의 설교를 자주 들으러 가느냐고 질문했을 때, 오웬은 "그 베드포드의 땜장이처럼 그리스도를 전할 수만 있다면, 저는 제 모든 학식이라도 기꺼이 맞바꾸겠습니다."라고 대답했다고 한다. 이는 번연이 비록 좋은 학교에서 훌륭한 교육을 받지는 못했지만, 그가 전하는 복음의 내용과 능력은 탁월하였음을 단적으로 드러내는 증언일 것이다. 존 오웬은 1683년에 번힐필드에 묻혔고, 5년 후에 번연도 그곳에 나란히 묻혔다.

11

잉글랜드를 넘어 뉴잉글랜드로 : 퓨리턴에서 필그림까지

| 필그림의 탄생 |

대다수 청교도는, 잉글랜드 국교회가 많은 부분에서 더 개혁되어야 하는 것은 맞지만, 그렇다 하더라도 잉글랜드를 포기하고 떠나는 데 대해서는 반대하였다. 이들은 어떻게 하든지 잉글랜드 안에서 교회를 개혁하고 바른 신앙을 수립해나가야 한다고 주장했다. 비록 일련의 신학적인 견해 차이 때문에 장로파와 독립파로 나뉘긴 했지만 잉글랜드로부터 분리하는 것에 대해서는 한목소리로 반대하였다.

그러나 분리파로 알려진 소수의 청교도는 잉글랜드에 더 이상 소망이 없다고 판단하고 새로운 땅으로의 이주를 선택하였다. 이러한 결정에 따라 잉글랜드를 떠나 뉴잉글랜드(지금의 미국)의 플리머스에 정착한 청교도를 필그림Pilgrims 혹은 필그림 파더스Pilgrim Fathers라 일컫는다. 이제 필자는 독자들과 함께 이들의 순례 여정을 뒤따라가 보고자 한다.

| 잉글랜드의 스크루비 공동체 |

잉글랜드 청교도운동에서 분리파를 이끌던 초기 인물은 로버트 브라운, 존 그린우드, 헨리 배로우 같은 사람들이었다. 이들 분리파에 영향을 받은 리처드 클리프턴Richard Clyfton은 잉글랜드 국교회를 따르지 않는 '비순응자' non-conformist였다. 그런 이유로 클리프턴은 1605년 뱁워스Babworth, 스크루비에서 남쪽으로 12km 정도 떨어진 마을의 올세인트 교회All Saints' Parish Church의 교구목사직을 내려놓아야만 했다.

1606년경부터 클리프턴 주변 사람들이 스크루비에서 모임을 가지기 시작하였는데, 이 분리파 청교도 모임을 바로 스크루비 공동체Scrooby

▲ **리처드 클리프턴이 목회했던 뱁워스의 올세인트 교회** 후일 필그림 파더스의 지도자가 되는 윌리엄 브래드퍼드가 10대 시절 이곳에서 클리프턴의 설교를 들었다. 주소는 Babworth Rd, Retford DN22 8EP, UK이다

▼ **윌리엄 브루스터의 집** 이곳에서 스크루비 공동체가 모여 예배를 드렸다.

게인즈버러 올드홀 윌리엄 힉맨의 배려로 존 스미스와 분리파가 1603년부터 이곳에서 예배를 드렸다.

Congregation라고 부른다. 이들은 윌리엄 브루스터William Brewster의 집에서 모였는데, 그는 존 스미스가 이끄는 게인즈버러Gainsborough, 스크루비에서 동쪽으로 20km 정도 떨어진 마을의 분리파 공동체에 참여하던 인물로 스크루비에 있는 자신의 집을 스크루비 공동체를 위해 제공했던 것이다.

존 로빈슨John Robinson 역시 노팅엄셔 북부의 스터튼 레 스티플Sturton le Steeple, 스크루비에서 동남쪽으로 20km 정도 떨어진 마을 출신으로 잉글랜드 국교회에 순응하지 않는다는 이유로 목사직을 박탈당하고 1604년 말 고향으로 돌아왔다. 그는 스크루비와 게인즈버러의 분리파 사람들과 접촉하였고, 이렇게 해서 스크루비와 게인즈버러의 공동체가 연결되었다. 이후 클리프턴, 로빈슨, 브루스터가 이 분리파 공동체를 이끌었다.

잉글랜드를 떠나 자신들의 방식대로 믿으며 살 수 있는 새로운 땅으로 이주하기를 원했던 분리파 청교도들은 1607/1608년 당시로서는 상대적으로 종교적 관용이 보장된 네덜란드로 이주하였다. 이들은 암스테르담을 거쳐 레이던에 정착하여 '레이던의 잉글랜드 분리파 교회'를 세웠다.

잉글랜드를 떠난 분리파 청교도가 레이던에 도착한 것은 1609년이었다. 이들의 지도자인 존 로빈슨이 피터스케르크Pieterskerk, 베드로 교회 근처의 집을 구입하였고, 함께 온 여러 사람들은 부근 여기저기로 흩어져 집을 구해 살았다. 잉글랜드에서 온 사람들이 많이 산다고 해서 이 지역은 '잉글랜드 문'으로 알려졌다. 로빈슨은 1615년 레이던 대학교의 박사학위 과정에 등록하였고, 이후 정통 칼뱅주의와 아르미니우스주의 사이의 논쟁에도 참여하였다.

당시 네덜란드에서는 고마루스Franciscus Gomarus, 1563-1641를 따르는 정통 칼뱅주의자들과 아르미니우스Jacobus Arminius, 1560-1609를 지지하는 사람들 사이에 신학 논쟁이 격렬하게 진행되고 있었다. 이로 인해 1618-19년 도르트 대회Synod of Dordt에서 아르미니우스주의를 배격하고 정통 칼뱅주의의 다섯 가지 원리를 채택하기에 이른다. 이를 소

▲ **존 로빈슨의 집** 피터스케르크 근처인 이 집의 주소는 Kloksteeg 21, 2311 SK Leiden이다.
◀ **프란시스쿠스 고마루스**
▶ **야코부스 아르미니우스**

▲▼ 피터스케르크의 외부와 내부
주소는 Pieterskerkhof 1A, 2311 SP Leiden이다.

위 'TULIP'이라고 부른다. 그 내용은 전적 타락Total Depravity, 무조건적 선택Unconditional Election, 제한 속죄Limited Atonement, 거역할 수 없는 은혜Irresistible Grace, 성도의 견인Perseverance of the Saints이다. 로빈슨은 레이던에 있을 때 고마루스주의자인 폴리안더Johannes Polyander 편에 서서 아르미니우스의 지지자인 에피스코피우스Simon Episcopius와 논쟁을 벌였다.

◀ 피터스케르크 안에 있는 존 로빈슨의 무덤
▶ 레이던에서 죽은 분리파 청교도들을 기념하는 명패
▼ 피터스케르크 안에 있는 야코부스 아르미니우스 기념 명패

레이던에서 가장 오래된 피터스케르크는 네덜란드의 한 백작이 1211년 건립하여 사도 베드로에게 봉헌한 것이다. 레이던 시市의 문장이나 레이던 대학교의 마크에 베드로의 열쇠가 있는 것도 이와 관련이 있다. 현재의 교회당은 1390년경 건축을 시작하여 180여 년이 걸려 완공되었다. 그 후 몇 차례 성상파괴와 화약폭발 등의 사고로 손상을 입은 것을 1880년에 대규

◀ **레이던 대학교와 문장**
▶ **레이던 시의 문장** "모든 것이 자유를 위한 것이다."라는 문구가 새겨져 있다.

모로 보수하였다. 1971년부터 교회당은 더 이상 종교적인 용도로만 사용되지 않고 레이던 시의 다양한 행사나 결혼 등의 이벤트를 위한 공간으로 활용되고 있다. 교회당 안에는 분리파 청교도의 지도자인 존 로빈슨, 네덜란드의 신학자 야코부스 아르미니우스, 렘브란트의 부모와 같은 저명한 사람들이 묻혀 있다.

| 레이던-델프스하번-사우샘프턴-플리머스 |

레이던에 정착한 분리파 청교도들은 시간이 지나면서 몇 가지 어려움에 직면하였다. 먼저 그들은 경제적 어려움을 겪었다. 낯선 땅에서 이방인인 그들이 구할 수 있는 일이란 힘들고 고된 단순한 직업뿐이었다. 게다가 네덜란드는 언어적으로나 문화적으로 영어권 사람들이 정착하기에 어려운

▲▼ **델프스하번의 필그림 파더스 교회의 외부와 내부** 주소는 Aelbrechtskolk 20, 3024 RE Rotterdam이다

곳이었다. 청교도들에게 네덜란드는 도덕적으로 너무나 자유분방해 보였고, 이런 상황에서 자신들의 신앙적 정체성을 지켜나가기가 쉽지 않았다. 더욱이 자녀들이 빠르게 네덜란드 문화에 동화되어 가는 것을 보면서 어쩌면 자기 세대가 지나가면 자녀들은 잉글랜드 사람으로서의 정체성을 잃어버릴지도 모른다는 두려움도 느꼈다. 그리고 자신들이 여기까지 온 것은 자신들의 방식대로 믿고 예배하고자 하는 열망 때문이었는데, 그 꿈을 이루기에는 네덜란드가 적절치 않다고 여겨졌다. 낯선 땅에서 겪는 경제적 어려움, 자녀교육에 대한 기대, 잉

글랜드 사람으로서의 정체성을 지키고자 하는 마음, 복음에 대한 열망이 뒤섞여 결국 이들은 네덜란드를 벗어나 다시금 새로운 땅으로 떠날 결심을 하였다.

그렇지만 미지의 땅으로 가는 데에는 두려움도 있었다. 의식주 문제에 대한 막연함, 생소한 질병들, 바다를 건너야 하는 어려움, 전혀 알지 못하는 신대륙의 상황들이 발목을 잡았다. 어디로 가야 할지를 모색하던 중에 네덜란드가 식민 개척을 한 남미의 가이아나, 잉글랜드 사람들이 먼저 정착해있는 북미의 버지니아 인근 등이 후보지로 떠올랐다. 이미 1607년 잉글랜드의 국왕 제임스 1세 때에 일단의 잉글랜드 사람들이 버지니아 인근에 정착하여 '제임스타운'을 이루고 있었기 때문에 분리파 청교도들도 자연스레 그쪽으로 방향을 정하게 되었다. 하지만 정작 그들이 도착한 곳은 버지니아보다 훨씬 위쪽인 매사추세츠였다.

사우샘프턴의 필그림 파더스 기념비
주소는 Town Quay, Southampton SO14 UK이다.

1620년 8월 1일(율리우스력으로는 7월 22일) 청교도는 지금의 네덜란드 로테르담에 속한 델프스하번Delfshaven에서 먼 항해를 시작하였다. 현재 델프스하번에는 필그림 파더스 교회Pelgrimvaderskerk가 있고 교회 안에는 필그림을 기념하는 명패와 유물들이 전시되어 있다. 이들이 타고 간 배는 스피드웰Speedwell호였는데, 이는 1577년 건조된 60톤의 전함으로 스페인의 무적함대를 물리친 바 있는 잉글랜드의 오래된 전함 스위프트슈어Swiftsure를 개조한 배였다.

델프스하번을 출발한 스피드웰호는 잉글랜드 남부의 사우샘프턴

잉글랜드의 플리머스 이곳에서 1620년 메이플라워호가 신대륙을 향해 출발하였다. 주소는 The Barbican, Plymouth PL1 2LR UK이다.

Southampton에 도착하여 그곳에서 메이플라워Mayflower호를 만나 함께 8월 15일(율리우스력으로는 8월 5일) 신대륙을 향한 항해를 시작했다. 오늘날 사우샘프턴 해안가에 세워진 필그림 파더스 기념비는 이들의 항해에 대한 기록을 전해주고 있다. 하지만 얼마 못 가 스피드웰호에 문제가 발생하여 잉글랜드 데번 주州의 플리머스Plymouth에 정박하였다. 스피드웰호는 항해를 계속할 수 없었기 때문에 결국 스피드웰의 선원과 승객 중 일부가 메이플라워호로 옮겨 탔고, 메이플라워호만이 승객 102명을 태우고 9월 16일(율리우스력으로 9월 6일) 뉴잉글랜드로 출발하였다.

메이플라워호는 대서양을 건너던 중 폭풍과 파도로 손상을 입기도 했지만 다행히 잘 수리가 되었다. 항해 도중 선원 1명과 승객 1명이 죽었지만, 배 위에서 태어난 아이도 있었다. 그 아이는 그리스 신화에 나오는 대양의

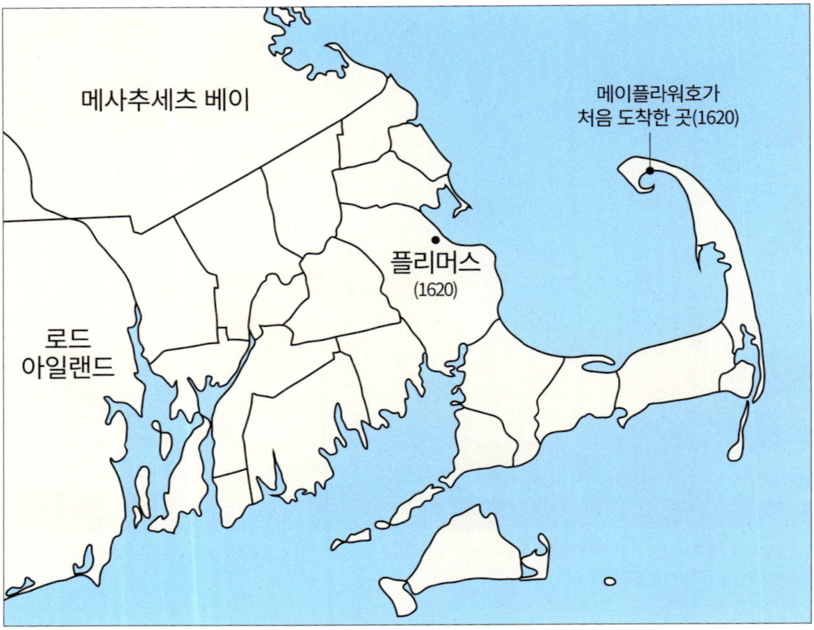

뉴잉글랜드 플리머스 만의 지도

신 이름을 빌려 오셔너스Oceanus라 불렀다. 메이플라워호는 1620년 11월 21일(율리우스력으로 11월 11일) 현재의 매사추세츠 주 케이프코드Cape Cod에 있는 프로빈스타운Provincetown 항만에 닻을 내렸다. 이미 겨울이 시작되었기 때문에 일부는 배 안에 머물렀고, 다른 일부는 플리머스로 옮겨가 자리를 잡았다. 이들이 첫 번째 겨울을 보내는 동안 절반가량의 사람들이 질병, 추위, 배고픔 때문에 죽었다. 이듬해인 1621년 3월이 되자 배 안에서 겨울을 버티던 승객들도 플리머스로 이동하여 새로운 정착촌을 형성하였다. 이렇게 하여 플리머스는 제임스타운에 이어 미국 역사상 두 번째 잉글랜드 사람들의 정착지가 되었다.

| 왜 기념비의 날짜 표기에 혼란이 있을까 |

레이던, 델프스하번, 사우샘프턴, 플리머스를 방문하여 청교도 기념비와 명패를 보면 동일한 사건을 언급하면서 서로 다른 날짜가 기록되어 있는 것을 보게 된다. 예를 들면 분리파 청교도가 델프스하번을 떠난 날이 1620년 8월 1일인지, 7월 22일인지 헷갈리게 된다. 왜 날짜 표기에 이런 혼란이 생긴 것일까?

그것은 다름 아닌 달력의 차이 때문이다. 유럽에서는 오랫동안 로마 황제 율리우스Julius Caesar가 기원전 46년에 도입한 달력을 사용해왔다. 이것을 율리우스력이라 부른다. 율리우스력은 이집트의 역법을 기준으로 하여 만들어진 것으로, 1년을 365일로 하고 4년마다 하루의 윤일을 두어 366일로 만들었다. 결국 율리우스력에 따르면 1년은 365.25일인 셈인데, 태양의 공전 주기인 365.24219와는 약간의 차이가 발생한다. 이것이 1년이면 11분 15초의 차이가 나고, 128년이면 하루의 차이가 된다. 이런 식으로 누적된 차이로 인해 16세기에 달력상의 날짜와 실제의 날짜가 10일 정도 차이가 났다. 달력상으로는 분명 보름달이 떠야 하는데, 실제 하늘을 보면 손톱 같은 초승달이 떠 있었던 것이다. 춘분과 보름달은 교회의 절기인 부활주일을 정하는 데도 중요한 기준이 되기 때문에 이것은 심각한 문제였다.

이 문제를 해결하기 위해 1582년 교황 그레고리우스 13세Gregorius XIII가 공표한 달력이 그레고리력이다. 교황 그레고리우스는 율리우스력의 누적된 오류로 발생한 10일의 차이를 없애기 위해 1582년 10월 4일의 다음 날을 10월 15일로 바꾸었다. 졸지에 세계의 모든 사람들이 10일을 잃어버린 것이다. 그런 다음 그는 지금까지와 마찬가지로 윤년을 4년에 한 번씩 두되, 연수가 100의 배수인 해는 예외적으로 평년으로 삼고, 그 가운데 400

의 배수인 해는 원칙대로 윤년으로 삼음으로써 율리우스력을 개정하였다. 이로써 1년은 약 365.2425일이 되었고, 태양 공전주기와의 차이가 최소화되었다. 그럼에도 대략 3,300년에 하루 정도의 차이가 나게 되는데, 이를 보완하기 위해 4000년, 8000년을 윤년이 아닌 평년으로 만들기로 하였다. 이로써 우리는 보다 정확한 달력을 가지게 된 것이다. 지금 전 세계적으로 널리 사용하는 달력이 바로 이 그레고리력이다.

그러나 문제는 모든 사람이 그레고리력을 즉시 받아들인 것은 아니라는 점이다. 로마 교황이 일방적으로 반포한 새로운 역법을 동방교회나 프로테스탄트 지역들에서는 받아들이지 않았던 것이다. 그렇기 때문에 16세기 후반 이후의 역사를 공부하는 사람들은 어떤 사건이 일어난 날짜를 볼 때 유념할 필요가 있다. 같은 사건이라도 기술하는 저자나 지역에 따라서 10일 이상 차이가 날 수 있기 때문이다. 역법의 변화로 인해 역사 기록의 날짜까지 달라지는 촌극이 발생한 것이다. 이것이 청교도의 기념비와 명패의 날짜가 때때로 서로 다르게 나타나는 이유이다. 실제 프로테스탄트인 청교도는 로마 교황 그레고리우스가 만든 달력에 반대했기 때문에 율리우스력을 사용했지만, 후대에 만든 기념비와 명패에는 대체로 그레고리력에 따라 표기되어 있으며 간혹 율리우스력으로 표기된 것들도 있다. 때문에 필자는 오늘날 널리 사용되는 그레고리력으로 표기하는 것을 원칙으로 하고 괄호 안에 율리우스력을 병기하였다.

| 뉴잉글랜드의 플리머스 공동체 |

메이플라워호에 탑승한 승객들을 '필그림'이라고 부른 것은 윌리엄 브래드퍼드의 책 『플리머스 건설』*Of Plymouth Plantation*에서다. 이 책은 플리머스 식민지의 지도자였던 브래드퍼드가 오랜 기간1630-51에 걸쳐 쓴 책으로, 필그림과 그들이 개척한 초기 식민지에 대한 가장 권위 있는 기록물이다. 이 책은 분리파 청교도가 네덜란드 암스테르담에 도착한 1608년부터 시작하여 이들이 메이플라워호를 타고 플리머스에 도착해 정착하는 과정을 기록하고 있다. 책에서 브래드퍼드는 히브리서 11장 13-16절에 근거하여 이들을 이 땅에서 나그네로 살면서 본향을 찾는 순례자Pilgrim의 이미지로 묘사하였다. 이후 나다니엘 모튼Nathaniel Morton과 코튼 매더Cotton Mather가 다시금 필그림이란 용어를 사용하게 되면서 이 용어는 점차 정착되고 대중적으로 사용되기 시작하였다.

필그림은 새로운 땅에 도착하기 직전에 자신들이 꿈꾸는 공동체를 만들기 위한 약속, 소위 '메이플라워 서약'Mayflower Compact을 체결하였는데, 102명의 승객 중 41명이 이에 서명하였다. 이들은 새로운 플리머스에서 모든 사람에게 본이 될 신앙적 공동체, 즉 '언덕 위의 도시'를 세우기 원했다. 플리머스의 필그림보다 10년 늦은 1630년 보스턴에 도착하여 정착한 청교도(이때 이주한 사람들은 분리파 청교도라기보다는 독립파 청교도들이었다.)의 지도자인 존 윈스럽John Winthrop의 말이 당시 필그림의 정서를 대변해준다.

> 그러므로 하나님과 우리 사이에 모범적인 사례를 만들라. 우리는 이 일을 위해 하나님과 언약을 맺게 되었다. 우리는 위임을 받았다. …우리는 이스라엘의 하나님이 우리 가운데 계시다는 것을 알게 될 것이다. …우리는 우리가 언덕 위의 도시처럼 될 것이며, 모든 사람의 눈이 우리를 향하리라는 것을 고려해야 하기 때문이다.

필그림은 하나님의 법에 따라 이상적인 공화국, 전 세계에 영감을 주는 하나의 모델을 세우기 위해 신대륙으로 건너온 것이다. 단지 종교적 억압

▲ **필그림 파더스 기념탑** 미국 플리머스에 있는 이 기념탑의 주소는 Allerton St, Plymouth, MA 02360, USA이다.

▼ **플리머스 바위** '1620'이라는 숫자가 보이고 두 동강난 흔적이 남아 있다. 주소는 79 Water St, Plymouth, MA 02360, USA이다.

에서 벗어나려는 소극적인 이유가 아니라, 온 세상에 하나의 모범이 될 만한 '언덕 위의 도시'를 건설하고자 하는 적극적인 목적이 이들을 이곳으로 불러낸 것이다.

현재 매사추세츠 플리머스에는 필그림 파더스를 기념하기 위한 기념탑이 있다. 높이 25m의 화강암 기념탑은 1859년에 초석이 놓인 이후 30년의 공사 끝에 완성되어 1889년에 제막식이 거행되었다. 그리고 해안가에는 '1620'이라고 새겨진 플리머스 바위가 있다. 1741년 토머스 파운스Thomas Faunce가 필그림이 첫발을 내디딘 곳이 바로 이 바위라고 주장한 이후 이곳은 미국 역사에서 가장 중요한 장소 중 하나가 되었다. 1774년 플리머스의 시청 광장으로 옮기던 중 바위가 두 동강 나는 일이 있었는데, 옆의 사진을 보면 두 동강이 난 바위를 복원했음을 알 수 있다. 이 바위는 1880년 다시금 플리머스 항으로 옮겨져 지금은 화강암으로 만든 지붕 아래 잘 보관되어 있다.

| 다시, 청교도주의란 무엇인가 |

현대 학자들은 청교도주의가 무엇인지에 대해 서로 다른 견해를 제시한다. 패트릭 콜린슨Patrick Collinson은 청교도운동을 교회의 정치와 예전에 있어서 잉글랜드 국교회에 만족하지 못하고 거기서 '한 걸음 더 나아간 개혁' further reform을 이루고자 한 운동으로 보았다. 콜린슨에 따르면 소위 '절반쯤 개혁된' 국교회를 '철저하게 개혁된' 교회로 만들고자 한 운동이 바로 청교도운동인 것이다. 청교도운동은 교회를 교회답게 하려는 실천이었다.

콜린슨의 견해는 엘리자베스 시대의 청교도운동을 관찰할 때에는 매우 적절한 주장이지만, 그 이후의 흐름까지 포괄하는 정당한 평가는 아니다. 제임스 1세와 찰스 1세를 거치면서 청교도운동이 교회를 넘어 정치적인 운동으로 확대되었기 때문이다. 청교도는 1649년에 찰스 1세를 죽이고 왕정을 무너뜨리고 새로운 공화정을 수립하는 정치적 혁명에 성공하게 된다. 이런 관점에서 본다면 청교도운동은 정치운동이요, 사회구조개혁이요, 혁명이라고 할 수 있을 것이다.

그러나 청교도운동을 교회개혁 혹은 정치개혁으로만 규정하는 것은 실제로 청교도운동의 많은 측면을 놓치는 것이다. 청교도들은 국가와 국교회의 가혹한 탄압을 받을 때면 자신들의 몸을 낮추고 내면의 경건 추구에 몰두하였다. 따라서 피터 레이크Peter Lake와 같은 사람은 청교도주의를 일종의 '경건운동'style of piety으로 규정한다. 청교도의 내면적이고 정서적인 경건과 실천에도 주목해야 한다는 것이다. 청교도는 스스로를 '경건한 사람' the godly 혹은 '세속성자'worldly saints로 규정하였다. 마틴 로이드 존스Martyn Lloyd-Jones는 1971년 웨스트민스터 채플에서 행한 강연에서 청교도주의를 '정신'spirit이요, '태도'attitude라고 말하였다.

이와 같이 청교도주의도 역사적 상황에 따라 조금씩 다른 모습을 보여주었다. 어떤 때는 교회개혁운동에 매진하였고, 때로는 정치적이고 사회적인 변화를 추구하였으며, 또 다른 때에는 내적 경건의 증진에 집중하였다. 우리는 청교도를 지나치게 비하하거나 과도하게 미화할 필요가 없다. 분명 청교도의 지나친 엄격주의와 관용의 결여, 기도와 설교에서의 장광설長廣舌, 남성 중심주의, 당파주의에 대해서는 비판적으로 성찰해야 한다. 반면 청교도는 철저하게 하나님과 성서를 중심에 둔 사람들이었고, 신앙 위에서 교회와 정치, 사회 전반을 개혁하려는 열망을 품은 사람들이었으며, '세상 안에서 금욕주의'를 추구하며 세속성자로 살고자 노력한 사람들이었다는 사실은 인정해야 할 것이다. 청교도의 발자취를 좇으면서 필자가 받은 인상을 한마디로 표현한다면, 그들은 차가운 머리, 뜨거운 가슴, 신속한 손발을 가진 사람들이었다는 것이다.

12

존 녹스, 하나님의 나팔수

| 존 녹스, 스코틀랜드 장로교회의 설립자 |

에든버러 녹스 칼리지 교정의 존 녹스

이제 잉글랜드에서 스코틀랜드로 눈을 돌려보자. 역사적으로 볼 때 장로교회가 처음 등장한 것은 1560년 스코틀랜드에서였다. 스코틀랜드의 종교개혁자 존 녹스c.1513-72가 1560년 제시한 〈스코틀랜드 신앙고백〉과 〈교회치리서〉를 의회가 승인함으로써 스코틀랜드 장로교회가 시작되었다. 장로교회는 교회정치의 측면에서 보면 교회 회중의 대표인 장로들이 다스리는 구조를 뜻한다. 개個교회는 가르치는 장로teaching elder, 목사와 다스리는 장로ruling elder, 장로로 구성되는 당회session에 의해 치리되며, 노회presbytery, 대회synod, 총회general assembly의 상위 정치구조가 있다.

일찍이 마틴 로이드 존스Martyn Lloyd-Jones는 스코틀랜드의 역사학자 토머스 칼라일Thomas Carlyle의 평가를 인용하면서 존 녹스를 "청교도주의의 설립자"라고 명명하였다. 이것이 필자가 청교도의 현장을 찾는 이 글에서 녹스를 소개하는 이유이다. 그러면 로이드 존스는 왜 녹스를 청교도주의를 설립한 사람이라고 평가하는 것일까?

무엇보다도 녹스가 청교도의 주요 원리를 분명하게 설정했기 때문이다. 그는 성서를 최고의 원리로 삼았으며, '뿌리로부터 가지까지' 이르는 전면적인 개혁을 단행했다. 그는 『공동기도서』를 사용하라는 칙령을 따르지 않고 『공동예식서』를 만들어 사용했고, 성찬을 받을 때 무릎을 꿇는 관습을 비판하며 앉아서 받는 성찬을 가르쳤으며, 로체스터 주교직을 제안받았으나 거절하였다. 또한 권력자들에게 저항할 수 있는 권리를 주장하였고, 교회와 교육의 개혁을 외쳤으며, 복잡한 예복을 '로마가톨릭의 누더기'라고 비판하였다.

이처럼 녹스는 결코 제도 안에 갇힌 인간이 아니었으며 현실 안주형의 사람도 아니었다. 그는 기존의 로마가톨릭교회와 잉글랜드 국교회를 비판하면서 '한 걸음 더 나아간' 교회개혁을 주장했고, 교회를 넘어 교육과 복지와 정치의 개혁까지도 요구하였다.

| 경호원에서 갤리선의 노예로 |

존 녹스는 1513년경 에든버러에서 동쪽으로 30km가량 떨어진 해딩턴 Haddington에서 태어났다. 그의 유년기에 대해서는 별로 알려진 것이 없으며, 후에 에든버러에서 북쪽으로 80km 정도 거리에 있는 해안도시 세인트앤드루스 St. Andrews 대학교에 진학한 것으로 보인다. 녹스가 언제, 어떻게 로마가톨릭을 떠나 프로테스탄트로 회심했는지는 분명하지 않지만, 그는 분명 세인트앤드루스의 학생이었을 때 패트릭 해밀턴 Patrick Hamilton과 조지 위샤트 George Wishart의 영향을 받았을 것이다.

해밀턴은 루터의 영향을 받고 프로테스탄트 성향의 설교를 하다가 이단으로 몰려 1528년, 24세의 나이로 화형을 당한 인물이다. 해밀턴이 순교

▲ 패트릭 해밀턴과 그의 순교지인 성 셀베이터 교회 앞에 새겨진 'PH'
▼ 조지 위샤트와 그의 순교지인 세인트앤드루스 성 앞에 새겨진 'GW'

한 장소인 성 셀베이터St. Salvator 교회 옆에는 다음과 같은 내용의 표지판이 있다. "이곳에서 세인트앤드루스 대학교의 학생 패트릭 해밀턴이 1528년 2월 29일 24세의 나이로 화형을 당하였다. 그는 유럽 대륙에서 마르틴 루터의 영향을 받고 세인트앤드루스로 돌아와 루터주의 교리를 가르치기 시작했다. 해밀턴은 체포되어 심문을 받고 이단으로 정죄되어 사형선고를 받았다. 그리하여 그는 스코틀랜드 종교개혁의 첫 번째 순교자가 되었다."

패트릭 해밀턴의 영적 고향이 독일이었다면, 조지 위샤트의 영적 고향은 스위스였다. 위샤트는 츠빙글리에 의해 시작되고 칼뱅에 의해 완성된 개혁교회 전통을 따라 스코틀랜드 종교개혁을 이끈 인물이었다. 하인리히 불링거를 위시한 스위스의 여러 개혁자들이 만든 〈제1스위스 신앙고백〉1536을 영어로 번역하여 스코틀랜드에 소개한 사람도 바로 위샤트였다. 하지만 위샤트 역시 로마가톨릭교회에 의해 1546년, 33세에 화형을 당하였다. 녹스는 해밀턴에 대해서는 그저 풍문으로만 들었겠지만, 위샤트는 직접 만났고 또 그에게서 많은 영향을 받았다. 녹스가 위샤트의 경호원이자 추종자였다는 사실은 위샤트가 그에게 미친 영향이 어떠했을지 짐작하게 한다. 지금도 세인트앤드루스에 가면 해밀턴과 위샤트의 화형 장소에 그들 이름의 머리글자가 새겨져 있으며, 그들을 기념하는 순교기념탑이 세워져 있다. 24세의 해밀턴과 33세의 위샤트, 생각하면 너무나 꽃다운 청춘들이 아닌가!

해밀턴과 위샤트 순교기념탑 그들의 순교를 기리기 위해 1842년에 설립되었으며, 주소는 The Scores, St Andrews KY16 9AT, UK이다.

위샤트가 죽임을 당하게 되자 그를 따르던 프로테스탄트들은 이 일에 대한 보복으로 위샤트를 심문하고 죽인 로마가톨릭 추기경 데이비드 비튼 David Beaton을 살해하고 세인트앤드루스 성을 점령하였다. 그중에 녹스도

▲ 세인트앤드루스 대성당
▼ 세인트앤드루스 성

있었다. 당시 스코틀랜드는 전통적인 로마가톨릭 국가인 프랑스와 로마가톨릭을 떠나 새로운 신앙으로 돌아선 잉글랜드 사이에서 얽히고설킨 정치관계를 맺고 있었다. 성을 장악한 프로테스탄트들은 잉글랜드의 도움을 기대했지만, 결국 프랑스 함대가 이 성을 함락시키고 말았다. 녹스는 이때 체포되어 이후 프랑스 갤리선에서 사슬에 묶인 채 1547년 7월부터 1549년 2월까지 19개월 동안 노예로 살아야만 했다.

데이비드 비튼

방문자 소감

패트릭 해밀턴. 세인트앤드루스 대학교의 성 셀베이터 교회 앞 길바닥에 새겨진 그의 이름 'PH' 앞에 서서 짧은 시간 생각해보았다. 지금의 나와 같은 나이 스물넷. 무엇이 그를 편안한 삶이 아닌 순교자의 삶을 살도록 했을까? 그렇다면 나는?

패트릭 해밀턴이라는 사람을 알게 된 후로 한국에 돌아와 여러 정보를 찾아보았다. 그가 24세가 될 때까지 공부했던 것들, 업적, 결혼생활, 화형당한 과정들 등. 나와 같은 나이라고 생각할 수 없을 만큼 참 대단한 사람이었다.

개혁교회의 뿌리를 찾고, 나의 뿌리를 찾는다는 것은 결국 나보다 먼저 하나님 앞에 진실된 삶을 살았던 '한 사람'을 기억한다는 것이었다. 그의 이야기를 알지 못했다면 무심코 지나쳤을 길이었다. 그러나 이제 그곳은 내게 패트릭 해밀턴의 정신이, 각오가 새겨진 길이 되었다. 우리는 그 길바닥을 밟고 또 다른 이야기를 써 내려갈 것이다. 내가 써 내려갈 한 편의 삶이 그들의 죽음에, 그들의 존귀한 정신에 그리고 하나님 앞에 떳떳하길 간절히 기도한다.

- 조신영

"나는 하나님의 나팔수입니다"

녹스는 자신을 하나님의 복음의 나팔을 부는 나팔수로 인식하였다. 나팔수는 상황이 어떻든지 정직하게 나팔을 부는 것이 그 소명이다. 따라서 녹스는 어떤 상황에도 굴하지 않고 복음의 나팔을 불었다. 잉글랜드의 여왕 메리Mary of Tudor 앞에서도, 스코틀랜드의 여왕 메리Mary of Scotland 앞에서도 당당하게 복음에 따른 개혁의 나팔을 불었다. 때문에 그는 망명자가 되어 이곳저곳으로 떠돌아다녀야 했지만, 누구도 이 나팔수를 제어할 수는 없었다.

1549년 갤리선에서 풀려난 녹스는 상황이 어려운 스코틀랜드보다 에드워드 6세의 집권으로 비교적 활동이 자유로워진 잉글랜드에 정착하였다. 그리고 베릭어폰트위드Berwick-upon-Tweed의 목회자로 2년가량 섬겼다. 이곳에서 녹스는 갤리선에서 망가진 건강을 조금씩 회복하면서 독서하고 공부할 기회를 얻었으며, 후일 결혼하게 될 마저리 보우스Marjery Bowes를 만나기도 하였다. 1551년에는 뉴캐슬어폰타인Newcastle-upon-Tyne으로 목회지를 옮겼다. 이후 녹스는 로체스터나 런던의 고위 성직을 제안받고도 거절했는데, 잉글랜드 국교회를 온전하게 받아들일 수 없었던 그로서는 국교회의 신앙과 예전을 그대로 수용할 수 없었기 때문이었다. 국교회의 『공동기도서』가 성만찬에서 빵과 포도주를 받을 때 무릎을 꿇도록 규정한 것에 반대한 녹스는 앉아서 성찬을 받도록 했으며, 제병祭餠, 발효시키지 않은 제의용 둥근 빵이 아니라 평범한 빵을 사용하였다.

1553년 에드워드 6세가 죽고 그의 누나인 메리 튜더가 왕위에 올랐다. 메리는 다시 로마가톨릭을 국교의 자리로 회복시켰고, 이 조치는 프로테스탄트에게는 모진 박해의 시작을 알리는 것이었다. 소위 '피의 메리'Bloody Mary 시대가 시작된 것이다. 녹스도 잉글랜드를 떠나 유럽의 여기저기를 떠도는 망명생활을 할 수밖에 없었다.

| 프랑크푸르트 교회에서의 논쟁 |

▲ 리처드 콕스
▼ 존 녹스

망명 중이던 녹스는 제네바의 칼뱅의 추천으로 1554년 11월 프랑크푸르트의 영국 피난민 교회를 맡게 되었다. 당시 프랑크푸르트에는 발레랑 풀랭Valérand Poullain(그는 칼뱅이 스트라스부르에서 목회했던 방패교회를 피에르 브륄리에 이어 목회했다.)이 프랑스에서 피신한 회중을 상대로 목회를 하고 있었는데, 영국 피난민들이 늘어나자 이들을 돌볼 목회자를 청빙하게 된 것이었다.

그렇지만 프랑크푸르트의 영국 피난민 교회에서는 격렬한 논쟁이 벌어졌다. 논쟁의 핵심은 예배의 형식과 예전을 어떤 방향으로 개혁할 것인가 하는 문제였다. 리처드 콕스Richard Cox는 잉글랜드 국교회의 전통과 『공동기도서』를 따를 것을 주장했고, 녹스는 기도서의 내용이 칼뱅의 표현처럼 "참을 수 있기는 하지만 수많은 어리석은 내용들"로 가득하기 때문에 새로운 예식서를 만들어 그것에 따라야 한다고 주장하였다. 그렇게 하여 1555년 녹스가 제시한 것이 바로 『제네바 예식서』*Genevan Order of Book*이다. 녹스와 그의 동료 윌리엄 휘팅엄William Whittingham, 안토니 길비Anthony Gilby, 존 폭스John Foxe, 토마스 코울Thomas Cole 등이 함께 작성하였다.

『제네바 예식서』는 스트라스부르에서 칼뱅이 만들고 풀랭이 개정한 프랑스의 개혁파 예식서를 기본으로 하여 만들어졌다. 이 예식서는 약간의 수정을 거쳐 1556년 2월 제네바에서 장 크레스팽Jean Crespin에 의해 출판되었다. 예식서는 사도신경, 교회 직분자의 선출, 당회, 성경연구 모임, 설교 전 죄의 고백, 설교 후 기도, 세례와 성찬의 시행, 결혼식, 환자 심방, 장례식, 교회 권징 등의 내용을 담고 있으며, 휘팅엄이 쓴 것으로 보이는 서문과 더불어 뒷부분에는 운율 시편과 영어로 번역된 칼뱅의 교리문답이 첨가되

• 존 녹스의 생애 •

1513년경	스코틀랜드 해딩턴에서 출생
1528. 2. 29.	패트릭 해밀턴이 화형당함
1536년경	사제 서품을 받음
1546. 3. 1.	조지 위셔트가 화형당함
1547. 7. 31.-49. 1.	프랑스 갤리선에서 사슬에 묶인 채 지냄
1549-54	잉글랜드의 베릭어폰트위드, 뉴캐슬어폰타인에서 목회
1554. 1.	잉글랜드를 떠나 스위스 제네바에 도착
1554. 11.	독일 프랑크푸르트의 영국 피난민 교회에 청빙됨
1555. 9.	스코틀랜드로 돌아가 마저리 보우스와 결혼하여 두 아들을 얻음
1556-59	제네바에서 체류
1558	『여인들의 괴상한 통치에 반대하는 첫 번째 나팔 소리』 출판
1559. 5. 2.	스코틀랜드에 도착
1559. 10.	『스코틀랜드 종교개혁사』 집필
1560	〈스코틀랜드 신앙고백서〉와 〈치리서〉를 채택함으로써 스코틀랜드 장로교회 설립
1561. 8. 19.	기즈의 메리가 스코틀랜드에 도착
1563	마가렛 스튜어트와 재혼하여 세 딸을 얻음
1567. 7. 24.	제임스 6세 대관식 때 설교함
1571. 5. 7.-72. 8. 23.	세인트앤드루스로 유형
1572. 11. 24.	임종

었다. 이 예식서는 이후 녹스가 제네바에서 영국 피난민 교회를 목회할 때 사용되었으며, 스코틀랜드 예식서의 기초가 되었다.

| 제네바에서의 사역 |

프랑크푸르트에서의 논쟁으로 인해 결국 녹스는 일부 피난민들과 함께 제네바로 돌아오게 된다. 1555년 녹스는 잠시 스코틀랜드를 방문하였고, 이때 베릭어폰트위드에서 만났던 마저리 보우스와 결혼식을 올리기도 하였다. 1556년 9월 제네바로 돌아온 녹스는 1559년까지 제네바의 '칼뱅 강당'이라고 불리는 곳에서 영어권 피난민들을 상대로 목회를 하면서 칼뱅과 더불어 제네바의 종교개혁을 지도하였다. 지금도 칼뱅 강당 안에는 녹스를 기념하는 명패가 붙어 있으며, 제네바 대학교 앞에 있는 바스티옹 공원의 종교개혁 기념조형물에서도 파렐, 칼뱅, 베즈와 함께 녹스가 당당하게 서 있는 모습을 볼 수 있다. 당시 제네바를 경험한 녹스는 제네바야말로 "사도 시대 이후 가장 완벽한 그리스도의 학교"라며 감탄하였다.

▲▼ **존 녹스 기념 명패와 칼뱅 강당** 이 강당은 칼뱅이 목회했던 생피에르 교회 바로 옆에 있으며, 녹스가 목회했던 곳이기에 녹스 채플이라고도 불린다. 주소는 Rue Guillaume-Farel, 1204 Genève이다.

제네바 종교개혁 기념조형물에 있는 존 녹스 왼쪽부터 파렐, 칼뱅, 베즈, 녹스이다.

제네바는 녹스에게 안전한 도피성과 같았다. 이곳에서 녹스는 아내인 마저리 보우스 그리고 두 아들 나다니엘, 엘리사와 함께 평화롭게 지낼 수 있었고, 영국에서 망명 온 교인들의 수도 200명에 육박할 정도로 불어났다. 회중들은 프랑크푸르트에서 겪었던 분열은 완전히 뒤로하고 녹스가 제시한 『제네바 예식서』의 개혁된 예배 예식에 따라 한결같은 마음으로 예배하였다. 녹스는 제네바에 머무는 동안 목회와 더불어 왕성한 집필 활동도 병행하였다. 그는 동료인 휘팅엄을 도와 후일 『제네바 성서』로 알려진 영어 성서번역에 관여하였으며, 압제적인 통치자에 대항하여 저항할 권리가 있다는 주장을 펼치는 한편 예정론에 관한 책을 펴내기도 하였다.

녹스가 제네바에 머물고 있던 1558년 출판된 『여인들의 괴상한 통치에 반대하는 첫 번째 나팔 소리』*The First Blast of the Trumpet Against the Monstrous Regiment of Women*만큼 오랫동안 녹스에게 오명을 남긴 책도 드물 것이다. 이 책은 여성이 나라를 통치하는 것이 성서의 가르침에 어긋난다는 내용을 담고 있기 때문에 오늘날뿐만 아니라 당시에도 많은 비판과 논란에 직면하였다. 이로 인해 녹스는 여성 혐오주의자라는 비난을 받기도 했다. 하지만 역사가 토머스 칼라일이 이 책에 대해 한 말을 염두에 둘 필요가 있다. "녹스는 이 책을 격한 심정으로 썼다. 그가 이 책을 쓴 이유에 대해 굳이 변명이 필요하다면, 잔혹한 튜더의 메리잉글랜드의 메리의 명령으로 스미스필드에 화형의 불길이 끊임없이 타오르던 시대, 기즈의 메리스코틀랜드의 메리가 스코틀랜드의 섭정 자리에 오른 지 얼마 되지 않은 시점에 이 책이 쓰였다는 사실에서 그 이유를 찾아야 할 것이다. 권좌에 오른 이 악독한 두 여인은 곤궁한 잉글랜드와 스코틀랜드를 완전히 폐허와 공포로 뒤덮어버렸다." 녹스가 처한 이 역사적 상황을 감안한다면 우리는 좀 더 균형감 있게 이 책을 평가할 수 있을 것이다. 물론 녹스는 이 책에 이어 '두 번째'나 '세 번째' 나팔을 불지는 않았다.

| 스코틀랜드의 종교개혁자 |

1558년 11월 17일에 잉글랜드의 여왕 '피의 메리'가 죽고 이복 여동생인 엘리자베스가 왕위에 오르면서 혹독하던 프로테스탄트 박해가 진정되었다. 1559년 스코틀랜드는 대단히 불안정했기 때문에 개혁 그룹에서는 종교개혁운동의 구심점으로서 녹스가 필요한 상황이었다. 그리하여 녹스는 오랫동안 염원하던 스코틀랜드 행을 택하였다. 녹스가 떠난 후 제네바의 영국인 교회는 그의 동료이자 칼뱅의 처남이면서 『제네바 성서』를 출간한 윌리엄 휘팅엄이 맡아 목회하였다. 녹스는 얼마 전에 출판한 『여인들의 괴상한 통치에 반대하는 첫 번째 나팔 소리』 때문에 잉글랜드를 거쳐 스코틀랜드로 가는 통행증을 받을 수 없었기에 위험을 무릅쓰고 배를 타고 출발하여 1559년 5월 2일 드디어 스코틀랜드에 도착할 수 있었다.

▲ **세인트앤드루스의 홀리트리니티 교회** 주소는 South St, St Andrews KY16 9UH, UK, 홈페이지는 holyt.co.uk이다.
▼ **퍼스의 세인트존 교회** 주소는 St John's Pl, Perth PH1 5SZ, UK, 홈페이지는 st-johns-kirk.co.uk이다.

스털링의 홀리루드 교회 주소는 St John St, Stirling FK8 1ED, UK, 홈페이지는 holyrude.org이다.

이제 녹스는 본격적으로 복음의 나팔을 불기 시작했다. 스코틀랜드에 도착한 녹스는 1559년 5월 11일 퍼스Perth의 성 요한 교회St. John Church에서 성화상과 우상숭배에 반대하는 울림 있는 설교를 했다. 이에 고무된 사람들이 요한 교회뿐만 아니라 퍼스의 다른 교회들에 있는 성상들을 파괴하는 폭동을 일으키기도 하였다. 녹스는 6월 11일 주일에 세인트앤드루스 교구교회인 홀리트리니티 교회Holy Trinity Church에서 요한복음 2장의 성전 청결 기사를 본문으로 개혁운동에 나서야 할 필요성을 강력하게 설교하였다. 또한 녹스는 1559년 11월 스털링Stirling의 홀리루드 교회Holy Rude Church에서 시편 80편 1-4절을 본문으로 설교를 했는데 이는 이후 스코틀랜드 종교개혁의 전환점으로 평가를 받는다. 그는 오직 하나님만을 의지하고 죄를 철저히 회개할 때 구원과 승리를 주신다는 것을 강력하게 선포하였다. 엘라자베스의 사신使臣 토머스 랜돌프는 본국에 보고하는 편지에서 녹스의 설교가 "한 사람의 목소리가 한 시간 동안 계속해서 귓전을 때리는 500개의 나팔보다도 더 우리에게 생기를 불어넣을 수 있음"이라고 전하였다.

이후 녹스는 1567년 7월 29일 스코틀랜드의 메리의 아들 제임스 6세가 대관식을 치를 때 다시 이곳 홀리루드 교회에서 설교하였다. 제임스 6세는 나중에 엘리자베스를 이어 잉글랜드의 왕 제임스 1세가 되는 인물이다.

녹스는 계속하여 스코틀랜드의 종교개혁을 강력하게 이끌었고, 마침내 1560년 의회가 〈스코틀랜드 신앙고백〉과 〈교회치리서〉와 『공동예식서』를 공식적으로 채택함으로써 스코틀랜드 장로교회가 출발하였다. 이렇게 하여 역사상 처음으로 장로교회가 전면에 등장하게 되었다. 〈스코틀랜드 신앙고백〉은 1560년 녹스를 포함한 6명의 존John Knox, John Winram, John Spottiswoode, John Willock, John Douglas, John Row이 작성한 것으로, 주도적인 역할은 녹스의 몫이었다. 이들은 25개 조항으로 이루어진 신앙고백서를 4일 만에 작성했는데, 제네바의 개혁자 칼뱅의 영향이 짙게 배어 있다. 이처럼 장로교회는 스위스의 개혁교회와 신학과 정체政體를 공유하고 있기 때문에 한 가족으로 보아도 무방하다. 유럽 대륙에서는 개혁교회로, 영국과 미국과 한국에서는 장로교회로 불린다고 볼 수 있다.

| 메리 vs 녹스 |

녹스는 에든버러에서 스코틀랜드의 여왕 메리Mary Stuart, Queen of Scotland, 1542-87와 충돌하였다. 녹스는 로마가톨릭교도인 메리 여왕 앞에서도 복음의 나팔을 거리낌 없이 불었다. 메리가 프랑스로 시집을 갔다가 남편을 잃고 스코틀랜드로 돌아온 1561년부터 왕위를 이양하고 잉글랜드로 피신한

1568년까지 녹스와 메리의 긴장 관계는 지속되었다. 녹스는 세인트자일스 교회의 설교단에서 메리의 로마가톨릭 신앙과 태도뿐 아니라 그녀의 생활 습관, 예를 들면 문란한 결혼생활이나 춤을 좋아하는 습관, 즐겨 입는 옷 등에 대해서도 강력하게 비판하였다.

린리스고 궁전 정원에 있는 스코틀런드의 메리 동상 180cm에 이르는 장신의 아름다운 자태를 뽐내던 메리는 당시로서는 최고의 결혼 상대였다. 이곳의 주소는 Kirkgate, Linlithgow EH49 7AL, UK이다.

메리 스튜어트는 아버지 제임스 5세와 어머니 기즈의 메리Mary of Guise 사이에서 1542년 12월 8일 린리스고Linlithgow 궁전에서 태어났다. 지금도 그곳에는 훤칠한 키의 메리 동상이 서 있다. 메리가 태어나자마자 아버지 제임스 5세가 죽는 바람에 그녀는 태어난 지 6일 만에 스코틀랜드 왕위에 올랐다. 그리고 1548년 프랑스의 프랑수아 2세와 정략적인 약혼을 하고 프랑스로 보내졌다. 메리와 프랑수아는 1558년 결혼하였고, 1559년 프랑수아가 프랑스 왕위에 오르자 메리는 프랑스 왕비가 되었다. 그러나 1년 후 1560년 프랑수아 2세가 죽자 메리는 1561년 8월 19일 13년의 프랑스 생활을 마무리하고 고국 스코틀랜드로 돌아온다.

여인으로서 메리의 인생은 편안하지 못했다. 첫 번째 남편인 프랑수아 2세가 결혼한 지 2년 만에 죽어 메리는 18세에 과부가 되었다. 스코틀랜드로 돌아온 후 1565년 홀리루드Holyrood 궁전에서 사촌 단리 경인 헨리 스튜어트Henry Stuart, Lord Darnley와 재혼하지만 그 역시 결혼 후 2년이 채 지나지 않은 1567년 살해당하였다. 메리와 헨리는 짧은 결혼생활에도 불구하고 아들을 낳았는데, 이 아이가 후에 스코틀랜드에서는 제임스 6세, 그리고 잉글랜드에서는 제임스 1세가 되어 스코틀랜드와 잉글랜드를 모두 통치하는 왕이 된다.

그런데 남편 헨리 스튜어트가 죽은 지 얼마 지나지 않아 메리는 보스웰의 백작 제임스 헵번James Hepburn, 4th Earl of Bothwell과 결혼했다. 그는 헨리를 살해했다는 의심을 받고 있던 자였기에, 메리는 제임스 헵번과 공모하여 남편을 살해했다는 의혹까지 받게 되었다. 결국 메리는 감금되었고 1567년 태어난 지 1년 된 아들 제임스에게 왕위를 양도할 수밖에 없었다. 보스웰은 추방당하여 덴마크의 감옥에 갇혔다가 정신이상자로 세상을 떠나게 된다. 메리는 세 남자와 결혼했으나 그 결말은 모두 불행했다.

이후 메리는 자신과 친척 관계인 잉글랜드의 엘리자베스 여왕에게로 가서 자신의 몸을 의탁하고자 하였다. 1568년 메리는 홀로 잉글랜드로 피신하였지만 엘리자베스에 의해 감금되고 말았다. 로마가톨릭교회가 친親프로테스탄트인 엘리자베스를 폐위시키고 대신 그 자리에 가톨릭교도인 메리를 앉히기 원했기 때문에, 엘리자베스로서도 자신의 왕위에 잠재적인 위협이 되는 메리는 껄끄러운 존재일 뿐이었다. 메리는 오랫동안 유폐생활을 하다가 1587년 2월 8일 결국 참수 당하였다. 후일 메리의 아들 제임스 6세가 엘리자베스를 이어 잉글랜드의 제임스 1세가 되자, 그는 1612년 10월 8일 어머니의 시신을 웨스트민스터 사원에 안장하였다. 엘리자베스와 메리, 두 여인은 결코 가까워질 수 없는 관계였지만 죽어서는 웨스트민스터 사원에 나란히 눕게 되었다. 프로테스탄트 진영에서는 메리를 '살인자'이자 '요부'라고 평가하고, 로마가톨릭 진영에서는 '불운한 군주'이자 '순교자'로 부를 정도로 그녀에 대한 평가는 상반된다.

에든버러의 세인트자일스 교회 주소는 High St, Edinburgh EH1 1RE, UK, 홈페이지는 stgilescathedral.org.uk이다.

| 에든버러 세인트자일스 교회의 목회자 |

스코틀랜드 수도 에든버러의 세인트자일스 교회는 존 녹스의 개혁운동의 심장이다. 에든버러 성에서 홀리루드 궁전까지 연결되는 로열다일Royal Mile 거리에 있는 이 교회는 에든버러의 수호성인인 성 자일스St. Giles의 이름을 딴 것으로, 종교개혁 이후 스코틀랜드 장로교의 어머니 교회 역할을 하고 있다. 이곳에서 녹스는 1559년 7월 7일부터 1572년 11월 24일 교회의 뜰에 묻힐 때까지, 스코틀랜드 종교개혁운동을 강력하게 펼쳤다. 녹스가

존 녹스의 사역을 알리는 1559년과 1572년 녹스가 자일스 교회에서 사역을 시작한 해와 마친 해를 표시한 기념물이다.

프랑크푸르트에 있을 때 쓴 『제네바 예식서』에 따라 예배는 완전히 새롭게 진행되었고, 성직자의 복장은 화려한 장식이 달린 예복이 아니라 수수한 검정색 옷이었다. 또 오르간은 제거되고 무반주의 시편 찬송이 울려 퍼졌으며, 모든 순서는 라틴어가 아닌 영어로 진행되었다. 녹스는 키가 작은 사람이었지만 벼락같은 음성으로 청중을 깨우는 설교자였다. 녹스는 주일에 두 번, 주중에 세 번 정기적으로 설교하였다. 녹스의 종교개혁은 스코틀랜드 장로교회를 탄생시켰다.

이 시기에 큰 논란을 일으킨 에피소드가 있다면, 녹스가 첫 번째 아내인 마저리 보우스와 사별한 후 1564년 3월 26일 마가렛 스튜어트Margaret Stewart와 재혼한 일이다. 이 결혼이 논란거리가 된 이유는 50세의 녹스가 친구의 딸인 17세의 마가렛과 결혼했기 때문이다. 녹스는 마가렛과의 사이에서 마르다, 마가렛, 엘리자베스라는 세 딸을 두었다. 스코틀랜드 종교개혁 이야기는 녹스의 대작인 『스코틀랜드 종교개혁사』에 상세하게 기술되어 있다. 다섯 권으로 된 이 책은 녹스가 스코틀랜드에 도착한 1559년에 쓰기 시작하여 1566년에 완성한 것이다.

◀ **존 녹스의 청동상** 스코틀랜드의 조각가 제임스 맏길리브레이가 1904년에 주조한 것이다

▶ **존 녹스 하우스** 세인트자일스 교회 부근으로 주소는 43-45 High St, Edinburgh EH1 1SR, UK이다.

19세기에 제작된 스테인드글라스 1570년에 설교하는 녹스의 모습을 담고 있다.

방문자 소감 존 녹스의 집을 방문했을 때 보았던, 아마 녹스가 죽기 전에 읊조렸을 기도문은 짧지만 내 마음을 울리기에 충분해 여행 후에도 몇 번이나 읽었다. 기도문의 제목은 "AND SO I END"이다.

Rendering my troubled and sorrowful spirit
in the hands of the eternal God
Earnestly trusting at His good pleasure
to be freed from the cares of this miserable life
and to rest with Christ Jesus
my only hope and life.
- AND SO I END, John Knox

영원하신 하나님의 손에 나의 거칠고 고단했던 영혼을 내어드립니다.
비참한 인생의 근심으로부터 자유로워지며
나의 유일한 소망과 생명의 전부 되신 예수 그리스도와 안식하게 하실
하나님의 선하신 뜻을 진정으로 믿고 있습니다.
- 이렇게 나는 마칩니다, 존 녹스

- 최재령

"여기 그의 일생 동안 어떤 사람도 두려워하지 않은 사람이 누워 있다"

나는 하나님의 말씀을 이용하여 개인적 이익을 취한 일이 없고, 인간을 만족시키고자 애쓴 적도 없고, 나 개인이나 다른 이들의 정욕을 만족시킨 일도 없으며, 단지 내게 허락하신 은사를 성실하게 사용하여 내가 감독한 교회의 덕을 세우려고 노력했을 뿐입니다.

1572년 11월 임종을 앞둔 스코틀랜드의 교회개혁자 존 녹스의 고백이다. 경건을 이익의 도구로 삼고 복음을 자기 과시의 수단으로 삼는 삯꾼

목자가 아니라, 하나님의 말씀을 정직하게 전하고 교회를 바르게 세우고자 참된 목자의 삶을 살았던 녹스의 일생을 대변해주는 말이다. 한 사람이 바로 섰을 때 스코틀랜드의 교회가 달라졌고, 세계의 역사가 변화했다. 지난해 봄 필자는 녹스의 고향, 망명지, 목회지를 찬찬히 돌아보면서 그의 개혁이 과거형이 아니라 현재진행형임을 목격할 수 있었다.

1572년 11월 24일 죽음을 맞은 녹스는 세인트자일스 교회 뜰에 묻혔다. 아마도 녹스의 무덤을 찾아본 사람이라면 깜짝 놀랄 것이다. '장로교회 창설자의 무덤이 이렇게 초라하고 무덤덤할 수 있을까?' 하는 생각이 들 정도이다. 교회 뜰은 주차장으로 변했고, 주차장 23번에 이곳이 녹스의 무덤임을 알리는 작은 안내판만이 있을 뿐이다. 참으로 녹스의 정신과 어울리는 무덤이 아닌가!

세인트자일스 교회 주차장에 있는 존 녹스의 무덤

섭정 모턴 백작James, Earl of Morton은 그의 장례식에서 "여기 그의 일생 동안 어떤 사람도 두려워하지 않고 누구에게도 아첨하지 않은 사람이 누워 있다."라고 말했다. 실로 녹스는 하나님 외에 어떤 사람도 두려워하지 않았다. 그는 복음을 따라 교회의 개혁을 외쳤고, 로마가톨릭의 주교직을 거부했고, 세상의 권력자들을 꾸짖었으며, 교육과 구제제도를 비롯한 사회의 변화를 이끌었다. 녹스의 개혁정신은 잉글랜드의 청교도Puritans에게 강한 영향을 미쳤고, 17세기 스코틀랜드의 언약도Covenanters를 낳았다.

개혁교회와 장로교회의 후예들로서 우리는 녹스의 소명, 용기, 진정성, 성실함을 기억해야 한다. 다시, 근본으로 돌아갈 때이다.

방문자 소감

에든버러 세인트자일스 교회 주차장 23번.

종교개혁의 역사에 큰 흔적을 남긴 인물이 주차장에 초라하게 묻혀 있을 줄이야. 아니면 존 녹스가 스코틀랜드에서 그렇게 유명한 인물은 아닌건가? 수많은 물음표를 안고 나는 마침내 주차장 23번 앞에 섰다. 기념판 하나와 위치를 알리는 노란 표지석이 전부인 녹스의 무덤 앞에서 나는 웨스트민스터 사원에서 본 화려하고, 아름다운 장식들로 꾸며진 왕과 귀족들의 무덤이 생각났다. 비록 볼품없고, 주차라도 돼 있으면 볼 수도 없는 자리에 있는 무덤이지만, 이 무덤의 주인이 화려한 무덤을 가진 왕이나 귀족들보다 행복한 사람이라는 생각이 들었다. 왜냐하면 그는 지구 반대편에서 그를 만나기 위해 찾아온 신앙의 후예들을 남겼고, 개혁신앙을 가진 사람들에게 계속 기억될 것이기 때문이다.

나는 죽으면 어떤 무덤을 갖게 될까? 아니, 나는 후대의 사람들에게 어떤 사람으로 기억이 될까? 죽어서 화려한 무덤은 가졌지만 사람들에게 잊힌 존재보다는 주차장 한구석에 묻히더라도 하나님 외에는 두려워하는 것이 없던 사람, 복음을 온전히 전하기 위해 애쓴 사람, 개혁을 용감하게 외친 사람으로 기억되고 싶다.

- 이하나

장 칼뱅의 조촐한 무덤 앞에서 다소 당황했던 나는 존 녹스의 무덤 앞에서는 충격에 빠졌다. 한 사람의 마지막이 이럴 수도 있구나 하는 탄식과 함께 말이다. 주차장으로 변한 그의 무덤 위에 새겨진 '23'이라는 숫자는 나의 마음과 생각에 계속 맴돌았다.

무덤을 본 이후 시간이 날 때마다 성경을 뒤적거리며 23이라는 숫자를 찾아 읽었다. 창세기 23장에서 아브라함이 사라를 위해 막벨라 굴을 샀던 장면, 여호수아 23장에 나오는 여호수아의 마지막 유언, 그리고 출애굽기, 민수기, 신명기의 23장 23절을 녹스의 무덤 위 숫자 23과 연결시켜 묵상하니, 실로 삶과 죽음 앞에서 그리스도인의 길이라는 것이 묵직한 돌처럼 내 영혼의 바다에 파문을 일으켰다. 며칠 동안의 묵상 끝에 녹스의 무덤 위 숫자가 하나님과 동행했던 그의 생애를 말해주는 것은 아닐까 하는 생각을 하게 됐다. 예레미야 23장 23절에서 말씀하신 것처럼 늘 하나님은 녹스의 삶에서 멀리 있지 않고 함께 하셨으며, 그런 하나님을 그는 시편 23편에 나오는 목자처럼 생각하고, 그 어렵고 힘든 혼탁한 시기에 오직 하나님만 바라며 강하고 담대한 마음으로 굳건하게 한 걸음씩 걸어나아간 것은 아닐까 하는 생각이 들었다.

- 이일호

청교도의 여러 현장을 돌아본 후

개혁교회의 뿌리를 찾아 떠난 길에서 나는 수많은 개혁자를 만났다. 잉글랜드에서는 존 위클리프, 윌리엄 틴들, 옥스퍼드와 스미스필드의 순교자들, 청교도 지도자 존 오웬, 리처드 백스터, 존 번연, 그리고 필그림 파더스를 만났다. 스코틀랜드에서는 존 녹스, 패트릭 해밀턴, 조지 위샤트를 만나면서 가슴 한편이 먹먹해졌고, 또한 스코틀랜드의 역사와 자연을 보면서 내면의 치유와 회복도 경험했다. 나도 이들이 걸었던 길을 걸어갈 수 있을까 수도 없이 물었다. 무감어수 감어인(無鑑於水 鑑於人). 물에다 얼굴을 비추지 말고 사람에게 자신을 비추어 보라고 했던가! 답사를 하는 동안 만났던 많은 신앙의 선배에게 나를 비추어 보고 내가 가야 할 길을 찾았다. 이제 내 삶의 자리로 돌아가 묵묵히 내게 주어진 길을 성실하게 걸어가야 할 때이다.

찾아보기

| 인명

| 지명

박경수

서울대학교 서양사학과(B. A.)를 졸업한 후 장로회신학대학교에서 교역학(M. Div.)과 신학석사(Th. M.) 과정을 마쳤다. 이후 미국 프린스턴신학교에서 교회사로 석사학위를, 클레어몬트대학원에서 종교개혁사 전공으로 박사학위(Ph. D.)를 받았다.

저서로 『종교개혁, 그 현장을 가다』, 『종교개혁 핵심톡톡_Q&A 33』, 『박경수 교수의 교회사 클래스』, 『한국교회를 위한 칼뱅의 유산』, 『교회의 신학자 칼뱅』 등이 있고, 이 외에도 다수의 공저와 논문이 있다. 또한 번역서로 『칼뱅의 생애와 작품 세계』, 『여성과 종교개혁』, 『츠빙글리의 생애와 사상』, 『스위스 종교개혁』, 『기독교신학사』, 『초대기독교 교부』 등이 있다.

현재 장로회신학대학교에서 교회사 교수로 후학들을 양성하고 있으며, 아시아칼빈학회 회장을 맡아 섬기고 있고, 한국칼빈학회, 한국기독교교회협의회 신학위원회, 공적신학과교회연구소, 한국교회사학회 등에서 활동하고 있다.